Colaboradores en la viña del Señor:

Un recurso para guiar el desarrollo del ministerio eclesial laico

OSV
Our Sunday Visitor
Huntington, Indiana

United States Conference of Catholic Bishops

El documento *Colaboradores en la viña del Señor: Un recurso para guiar el desarrollo del ministerio eclesial laico* fue elaborado por el Comité para los Laicos de la Conferencia de Obispos Católicos de los Estados Unidos (USCCB). El documento fue aprobado por el cuerpo de obispos católicos de Estados Unidos durante su reunión general en noviembre de 2005 y ha sido autorizado para su publicación por el suscrito.

Monseñor David J. Malloy, STD
Secretario General, USCCB

ISBN: 978-1-63966-145-9 (Núm. de inventario T2857)

Primera impresión, mayo de 2007
Edición digital, junio de 2021
Impresión actual, 2023, publicado por OSV, Our Sunday Visitor, Inc., 200 Noll Plaza, Huntington, IN 46750; www.osv.com; 1-800-348-2440

Impreso en los Estados Unidos

Índice

Introducción 5

Primera parte: Fundamentos 7

A. Describir y responder a nuevas realidades 7

El llamado a todos los creyentes 7

El llamado a los fieles laicos 8

El llamado al ministerio eclesial laico 9

Realidad del ministerio eclesial laico 12

B. Comprender la realidad a la luz de la teología y la doctrina de la Iglesia 15

El Dios Trino: fuente de la misión de la Iglesia 15

La Iglesia: una comunión para la misión 16

El ministerio: servir a la Iglesia y a su misión 17

El obispo y los ministros eclesiales laicos 19

El sacerdote y los ministros eclesiales laicos 20

El diácono y los ministros eclesiales laicos 21

Los fieles laicos y los ministros eclesiales laicos 22

Segunda parte: Aplicaciones pastorales 23

A. Caminos hacia el ministerio eclesial laico 23

El anhelo del ministerio eclesial laico 23

Discernimiento del llamado al ministerio eclesial laico 25

Determinación de la aptitud para el ministerio eclesial laico 26

B. Formación para el ministerio eclesial laico 30
Introducción 30
Formación humana 33
Métodos para la formación humana 34
Formación espiritual 35
Elementos de la formación espiritual 36
Formación intelectual 39
Métodos para la formación intelectual 43
Formación pastoral 43
Integración de los cuatro elementos de la formación 46
Formación continua 47
Agentes de la formación 49

C. Autorización para el ministerio eclesial laico 51
El papel del obispo en la autorización de los ministros eclesiales laicos 52
El papel del párroco en el proceso de autorización 52
Funciones específicas cubiertas por el proceso de autorización 53
La certificación de los candidatos para puestos en el ministerio eclesial laico 53
El nombramiento de los ministros eclesiales laicos 54
Bendiciones y rituales en el proceso de autorización 56
Consideraciones adicionales 57

D. El lugar de trabajo ministerial 58
Contexto 58
Algunas áreas de recursos humanos en un sistema global de personal 59
Recursos y resultados 61

Conclusión 63

Introducción

Colaboradores en la Viña del Señor es un recurso para obispos diocesanos y para todos los que son responsables de guiar el desarrollo del ministerio eclesial laico en Estados Unidos. Durante varias décadas y en números crecientes, mujeres y hombres laicos han asumido una amplia variedad de roles en los ministerios de la Iglesia. Muchos de estos roles suponen un considerable grado de preparación, formación y competencia profesional. Requieren autorización de la jerarquía para que esa persona pueda servir públicamente en la iglesia local. Los obispos confían al laicado responsabilidades de liderazgo en áreas particulares del ministerio, llevando, de ese modo, a ciertos laicos a una estrecha colaboración mutua con el ministerio pastoral de obispos, sacerdotes y diáconos.

Se identifica a estos hombres y mujeres de diversas razas y culturas que sirven en parroquias, escuelas, agencias diocesanas e instituciones de la Iglesia por medio de una gran variedad de títulos según sus cargos. En *Colaboradores en la Viña del Señor los identificamos en forma genérica como "ministros eclesiales laicos". Lo hacemos con el propósito de reflexionar sobre sus aspectos comunes y de proponer algunas interpretaciones del ministerio eclesial laico situado dentro de nuestro entorno social y eclesial, y dentro del marco de la creencia, la enseñanza y la práctica pastoral de la Iglesia.*

Ofrecemos este documento como una reflexión pastoral y teológica sobre la realidad del ministerio eclesial laico, como una afirmación de los que sirven de este modo y como una síntesis de lo mejor del pensamiento y de la práctica en esta área. Los siguientes componentes conforman la estructura de este documento:

- Fundamentos teológicos para el ministerio eclesial laico
- Discernimiento y aptitud para el ministerio eclesial laico
- Formación de ministros eclesiales laicos
- Autorización de ministros eclesiales laicos
- Normas y prácticas en el lugar de trabajo ministerial

Nuestra intención es que *Colaboradores en la Viña del Señor constituya un marco de referencia común, para garantizar que la formación del ministerio eclesial laico se desarrolle en forma fiel a la tradición teológica y doctrinal de la Iglesia, y que responda a necesidades y situaciones pastorales contemporáneas*. A diferencia de los documentos de la USCCB Programa de Formación Sacerdotal y Directorio Nacional para la Formación, Ministerio y Vida de Diáconos Permanentes, *Colaboradores en la Viña del Señor no propone normas ni establece una ley particular. Expresa, en este momento de la historia, lo que nosotros, los obispos, hemos aprendido de la experiencia del ministerio eclesial laico en Estados Unidos. Sugiere conceptos, objetivos, estrategias, recursos e ideas para su consideración. Invita a una adaptación, aplicación e implementación local para lograr coherencia donde sea posible y para promover diversidad donde sea apropiado. Llama a los líderes de la Iglesia, ordenados y laicos, a regular e integrar de forma más deliberada y eficaz a los ministros eclesiales laicos dentro de la vida y de las estructuras ministeriales de nuestras diócesis.*

Colaboradores en la Viña del Señor expresa nuestro fuerte deseo de que exista una provechosa colaboración entre ministros ordenados y laicos, quienes, en forma distinta pero complementaria, desarrollan en la Iglesia la misión salvífica de Cristo para el mundo, su viña.

Primera parte
Fundamentos

A. Describir y responder a nuevas realidades

"Id también vosotros a mi viña". *(Mt 20:4)*

El llamado a todos los creyentes

Dios llama. Nosotros respondemos. Este patrón esencial, fundamental en la vida de todo creyente, aparece en toda la historia de la salvación. El Padre llama a un pueblo escogido, a patriarcas y a profetas. Jesús llama a sus apóstoles y discípulos. El Señor Resucitado llama a todos a trabajar en su viña, es decir, en un mundo que debe ser transformado en vista del advenimiento final del Reino de Dios; y el Espíritu Santo faculta a todos con los diversos dones y ministerios para construir el Cuerpo de Cristo.

El llamado básico es igual para todos los seguidores de Cristo, a saber, "que todos los fieles, de cualquier estado o condición, son llamados a la plenitud de la vida cristiana y a la perfección de la caridad, que es una forma de santidad que promueve, aun en la sociedad terrena, un nivel de vida más humano".[1] Esta creencia fundamental, anunciada en forma urgente por el Concilio Vaticano II, continúa siendo expresada no sólo por la doctrina de la Iglesia sino también, en formas diversas, por las vidas de los fieles cristianos. Ya que el llamado a la santidad es "una insuprimible exigencia del misterio de la Iglesia".[2]

En este aspecto, el Concilio también enseñó que "una misma es la santidad que cultivan, en cualquier clase de vida y profesión, los que son guiados por el espíritu de Dios. . . . Según eso, cada uno, según los propios dones y las gracias recibidas, debe caminar sin vacilación por el camino de la fe viva, que anima la esperanza y obra por la caridad".[3]

El llamado a los fieles laicos

Mujeres y hombres laicos oyen y responden al llamado universal a la santidad, principal y singularmente en el ámbito secular. Se les encuentra "en todas y en cada una de las actividades y profesiones, así como en las condiciones ordinarias de la vida familiar y social con las que su existencia está como entretejida. Aquí, están llamados por Dios a cumplir su propio cometido, guiándose por el espíritu evangélico, de modo que, igual que la levadura, contribuyan desde dentro a la santificación del mundo".[4]

Para los laicos, este llamado, presentado en los Sacramentos de Iniciación, se describe correctamente como de "carácter secular", carácter que como laicado propiamente les pertenece. La naturaleza secular de su llamado se refiere al hecho de que Dios "ha confiado el mundo a los hombres y a las mujeres, para que participen en la obra de la creación, la libren del influjo del pecado y se santifiquen en el matrimonio o en el celibato, en la familia, en la profesión y en las diversas actividades sociales".[5] Esta tarea implica en sí misma una participación en la misión de la Iglesia.

Todos los bautizados son llamados a trabajar para la transformación del mundo. La mayoría lo hace trabajando en el ámbito secular; algunos lo hacen trabajando en la Iglesia y concentrándose en la edificación de la comunión eclesial, entre cuyos propósitos está la transformación del mundo. El trabajo en Iglesia es una jornada de discipulado cristiano, que debe ser alentado por la jerarquía.[6] La posibilidad de que los laicos desempeñen ministerios de la Iglesia tiene su base en la Escritura y en la doctrina de la Iglesia, desde San Pablo hasta el Concilio Vaticano II, y en documentos más recientes. "Los laicos tienen su papel activo en la vida y en la acción de la Iglesia, como partícipes que son del oficio de Cristo sacerdote, profeta y rey. Su acción dentro de las comunidades de la Iglesia es tan necesaria que sin ella el mismo apostolado de los pastores muchas veces no puede conseguir plenamente su efecto".[7]

Hoy, en parroquias, en instituciones de la Iglesia y en organismos diocesanos, el laicado sirve en diversos "ministerios, oficios y funciones" que no requieren ordenación sacramental, sino que "tienen su fundamento sacramental en el Bautismo y la Confirmación, y para muchos de ellos en el Sacramento del Matrimonio".[8] Lo que expresara el papa Pablo VI sobre el laicado hace treinta años —y lo que repite específicamente el Catecismo de la Iglesia Católica— se ha convertido ahora en una importante y bienvenida realidad en todas nuestras diócesis: "Los seglares también pueden sentirse llamados o ser llamados a colaborar con sus pastores en el servicio de la comunidad eclesial, para el crecimiento y la vida de ésta, ejerciendo ministerios muy diversos según la gracia y los carismas que el Señor quiera concederles".[9]

En las parroquias, especialmente, pero también en otras instituciones y comunidades de la Iglesia, mujeres y hombres laicos cooperan generosa y ampliamente con sus párrocos en el servicio de la comunidad eclesial. Ésta es una señal del movimiento del Espíritu Santo en las vidas de nuestras hermanas y hermanos. Estamos muy agradecidos con todos los que asumen diversas funciones en el ministerio de la Iglesia. Muchos lo hacen en forma voluntaria y limitada: por ejemplo, los ministros extraordinarios de la Sagrada Comunión, los lectores, los cantores y miembros del coro, los catequistas, los miembros del consejo pastoral, los visitantes de los enfermos y necesitados, y los que sirven en programas tales como la preparación sacramental, la pastoral juvenil, incluyendo el ministerio con los discapacitados, y el de caridad y justicia.

Esta situación concuerda adecuadamente con la visión y el desafío expresados por el papa Juan Pablo II, mientras conducía a la Iglesia hacia el umbral de un nuevo milenio cristiano:

> La unidad de la Iglesia no es uniformidad, sino integración orgánica de las legítimas diversidades. Es la realidad de muchos miembros unidos en un solo cuerpo, el único Cuerpo de Cristo (Cf. 1 Co 12,12). Es necesario, pues, que la Iglesia del tercer milenio impulse a todos los bautizados y confirmados a tomar conciencia de la propia responsabilidad activa en la vida eclesial. Junto con el ministerio ordenado, pueden florecer otros ministerios, instituidos o simplemente reconocidos, para el bien de toda la comunidad, atendiéndola en sus múltiples necesidades: de la catequesis a la animación litúrgica, de la educación de los jóvenes a las más diversas manifestaciones de la caridad.[10]

El llamado al ministerio eclesial laico

Dentro de este amplio grupo se encuentra un grupo menor, en el cual se centra este documento: esos hombres y mujeres cuyo servicio eclesial tiene las siguientes características

- *Autorización* de la jerarquía para servir públicamente en la iglesia local
- *Liderazgo* en un área particular del ministerio

- *Colaboración mutua y estrecha* con el ministerio pastoral de obispos, sacerdotes y diáconos
- *Preparación y formación* apropiadas para el nivel de responsabilidad que se les asigne

En documentos previos de nuestra Conferencia hemos denominado a estos hombres y mujeres "ministros eclesiales laicos" y a su servicio "ministerio eclesial laico".[11] Continuamos usando esa denominación, entendiéndola de la siguiente manera.

El término "ministro eclesial laico" es genérico. Su propósito es abarcar y describir diversas funciones posibles. En la vida parroquial —para citar solamente una esfera de participación— el asociado pastoral, el líder catequético de la parroquia, el líder de la pastoral juvenil, el director de una escuela y el director de la liturgia o de la música pastoral, son ejemplos de dichas funciones. La participación en el ejercicio del cuidado pastoral de una parroquia, tal como se la describe en el Código de Derecho Canónico, canon 517 §2,[12] es otro ejemplo de ministerio eclesial laico, aunque difiere cualitativamente de las otras funciones, ya que existe simplemente a causa de la escasez de sacerdotes. Es responsabilidad del obispo, o de su delegado, de acuerdo con las normas del derecho canónico, identificar las funciones que ejemplifican con mayor claridad el ministerio eclesial laico. La aplicación del término puede variar de diócesis a diócesis.

La denominación "ministro eclesial laico" no constituye, en sí misma, el título de un cargo específico. No utilizamos ese término con el fin de establecer un nuevo rango u orden entre los laicos. Utilizamos, en cambio, esa terminología como un adjetivo para identificar una realidad creciente y en desarrollo, para describirla más plenamente, y para buscar una comprensión más profunda de la misma bajo la guía del Espíritu Santo.

El término refleja ciertas realidades claves. El ministerio es laico porque se trata de un servicio realizado por personas laicas. Su base sacramental son los Sacramentos de Iniciación, no el Sacramento del Orden. El ministerio es eclesial porque se realiza dentro de la comunidad de la Iglesia, cuya comunión y misión sirve, y porque está sometido al discernimiento, la autorización y la supervisión de la jerarquía. Finalmente, es un ministerio porque implica una participación en el triple ministerio de Cristo, que es sacerdote, profeta y rey. "En este sentido original, el término *ministerio* (*servitium*) manifiesta sólo la obra con la cual los miembros de la Iglesia prolongan, a su interior y para el mundo, la misión y el ministerio de Cristo".[13] Aplicamos el término "ministerio" a ciertas tareas llevadas a cabo por los fieles laicos refiriéndonos constantemente a una fuente, el ministerio de Cristo. La aplicación de "ministerio" al laicado no debe confundirse con el ministerio ordenado ni debe, en modo alguno, interpretarse para comprometer la naturaleza específica del ministerio ordenado.[14] Se llama al ministro eclesial laico a servir en la Iglesia y no necesariamente a comprometerse por toda una vida como sucede con la ordenación. El ministerio eclesial laico se ejerce de acuerdo con la vocación laica específica.[15]

El término "ministerio eclesial laico" no implica que los ministerios en cuestión sean característicos únicamente de los laicos. Lo que es característico del laicado es su participación en el mundo con la intención de llevar el orden secular a un plano de conformidad con el plan de Dios. Sin embargo, por su incorporación bautismal en el Cuerpo de la Iglesia, los laicos están también equipados con dones y gracias para edificar la Iglesia desde dentro, en cooperación con la jerarquía y bajo su dirección.[16] Mientras los ministros eclesiales laicos llevan a cabo tareas enraizadas en su llamado y en sus dones bautismales, para servir públicamente en la iglesia local deben contar con la autorización de una autoridad competente. La colaboración de los laicos con los ministros ordenados no puede entenderse como una sustitución del ministerio ordenado.[17]

Sus funciones de colaboración con los ordenados requieren que los ministros eclesiales laicos cuenten con un nivel especial de competencia y presencia profesional en la comunidad. Su posición a menudo supone coordinar y dirigir a otros miembros de la comunidad. Frecuentemente, son empleados de tiempo completo o tiempo parcial en parroquias, diócesis o instituciones eclesiales. Por este motivo, sus funciones a menudo exigen preparación académica, certificaciones, acreditaciones, y una formación que integre la dimensión personal, espiritual, intelectual y pastoral. Estos ministros eclesiales laicos a menudo expresan un sentido de haber sido llamados. Este sentido motiva lo que están haciendo, guía y da forma a esta importante decisión en sus vidas y a su compromiso con el ministerio de la Iglesia. Al mismo tiempo, saben que un llamado auto-discernido por el individuo no es suficiente. Su llamado debe ser también discernido dentro de la Iglesia y autenticado por el obispo, o su delegado, que es el único que puede autorizar que alguien sirva en el ministerio eclesial.

Finalmente, al describir el ministerio eclesial laico, es necesario ofrecer una clarificación con respecto a las instituciones religiosas dedicadas a las tareas del apostolado y otras formas de vida consagrada, cuyos miembros pueden participar en el ejercicio del cuidado pastoral de una parroquia o de otro servicio eclesial.[18] Las personas consagradas participan en el ministerio eclesial por su propio título, según la naturaleza de su instituto. Su ejercicio del ministerio eclesial está impregnado de la gracia de su consagración. Ellos y los ordenados trabajan junto con ministros eclesiales laicos para llevar a cabo la misión de la Iglesia.

Realidad del ministerio eclesial laico

La realidad del ministerio eclesial laico, tal como acabamos de describir, continúa creciendo y desarrollándose. Hoy, 30.632 ministros eclesiales laicos trabajan por lo menos veinte horas por semana en cargos remunerados, en diversas parroquias. A ese número se le suman 2.163 voluntarios, que trabajan por lo menos veinte horas semanales en parroquias. El número de ministros parroquiales laicos remunerados ha aumentado en un 53% desde 1990, mientras que el porcentaje de parroquias con ministros eclesiales asalariados ha aumentado de un 54 % a un 66%. En 2005, las mujeres laicas constituyen el 64%; los hombres laicos el 20%; y las religiosas el 16% del personal pagado. Los encargados de la catequesis (41,5%) y los ministros pastorales no especializados (25%) representan dos tercios de todos los ministros parroquiales.[19]

En 2004 y 2005, en Estados Unidos, más de 2.000 laicos se desempeñaron como ministros en nombre de la Iglesia en hospitales y otros establecimientos de atención médica, en universidades, y en prisiones, puertos y aeropuertos. La Asociación Nacional de Músicos Pastorales contó aproximadamente con 8.500 miembros y la Asociación Nacional de Educación Católica con 5.466 directores laicos de escuelas primarias y secundarias.[20] Indudablemente, hay individuos en los grupos mencionados anteriormente que podrían considerarse ministros eclesiales laicos.

Este documento intenta garantizar que dicho desarrollo ocurra en forma fiel a la tradición teológica y doctrinal de la Iglesia, y que responda a necesidades y situaciones pastorales actuales.

Hemos desarrollado *Colaboradores en la Viña del Señor como un recurso, principalmente* para obispos diocesanos, y después para todas aquellas personas que compartan la responsabilidad de garantizar que el trabajo de los ministros eclesiales laicos pueda "florecer. . . para el bien de toda la comunidad, atendiéndola en sus múltiples necesidades".[21] Pensamos particularmente en los que educan y forman a futuros ministros eclesiales laicos, tanto en programas diocesanos como académicos. También ofrecemos este documento a los mismos ministros eclesiales laicos, para animarlos y ayudarlos, para expresar nuestra gratitud hacia ellos, hacia sus familias y sus comunidades, y para comunicar nuestra comprensión de que su servicio es único y necesario para la vida y el crecimiento de la Iglesia.

En este sentido nos hacemos eco de las palabras de San Pablo, que atrajo a otros a la tarea de difundir el Evangelio y se apoyó en ellos de manera muy concreta. El apóstol reconoció y agradeció repetidamente a esos hombres y mujeres, y a veces los llamó "colaboradores míos en Cristo Jesús" (véase Rom 16:3-16). Los recursos presentados aquí son para guiar, educar, formar, emplear, evaluar y sostener a esas personas laicas que son llamadas a colaborar con nuestros sacerdotes y diáconos.

Como señalamos en Llamados y dotados para el Tercer Milenio hace veinticinco años, "a partir del Concilio Vaticano II han surgido nuevas oportunidades para los laicos, hombres y mujeres, de prestar servicios en la Iglesia".[22] El ministerio eclesial laico ha emergido y se ha moldeado en nuestro país mediante el trabajo del Espíritu Santo. Como respuesta a estas nuevas oportunidades y situaciones, mujeres y hombres laicos han respondido generosamente a una renovada conciencia de las implicaciones de su Bautismo, y a las necesidades de sus comunidades eclesiales. En otros países también han surgido ministerios laicos similares, respondiendo a sus necesidades y circunstancias pastorales particulares.[23]

En nuestra declaración de 1995, Llamados y dotados, escribimos que "la nueva evangelización será una realidad sólo si los miembros ordenados y laicos de entre los fieles de Cristo entienden que sus funciones y ministerios son complementarios y sus metas están unidas a la única misión y ministerio de Jesucristo".[24] Este documento actual sirve para abordar más profundamente las inquietudes presentadas en el documento interdicasterial de 1997 Instrucción sobre algunas cuestiones acerca de la colaboración de los fieles en el sagrado ministerio de los sacerdotes (Ecclesiae de Mysterio), de manera tal que la emergencia de estos ministerios esté marcada por la fidelidad a nuestra doctrina como Iglesia.

La experiencia de la Iglesia con respecto a la participación laica en el ministerio de Cristo está aún madurando. En Estados Unidos diversas diócesis, en forma individual o agrupadas regionalmente, han reflexionado sobre estos ministerios emergentes, han creado programas de formación y han refinado sus enfoques sobre el reclutamiento, la certificación y el nombramiento de ministros eclesiales laicos. Las asociaciones ministeriales nacionales han desempeñado un importante papel en estudiar asuntos, compartir recursos, y ayudar a diócesis y parroquias a utilizar eficazmente a sus ministros eclesiales laicos. Varias de estas asociaciones han creado normas para la certificación, que después han sido aprobadas por la Comisión de Certificación y Acreditación de la USCCB. Diversas universidades y seminarios han colaborado entre sí y con las diócesis para ofrecer programas, otorgando grados o no, y otras oportunidades de formación para laicos que estén seriamente comprometidos con el ministerio de la Iglesia. Estas iniciativas, así como también las peticiones explícitas de líderes ordenados y laicos en escuelas teológicas y programas diocesanos, nos han alentado a preparar este documento como recurso, como el siguiente paso en el proceso de discernimiento eclesial y de liderazgo pastoral.

Cuando nos referimos en estas páginas a "ministros eclesiales laicos", el principal punto de referencia será la parroquia, simplemente porque la mayor parte de la reflexión sobre esta experiencia ha tenido lugar en el nivel parroquial. Sin embargo, sugerimos que los principios y estrategias contenidos en este documento sean considerados por su relevancia en otros ámbitos en que sirven los laicos como líderes de instituciones eclesiales.

La guía ofrecida aquí emana de y se aplica a la experiencia de la vida eclesial, específicamente en diócesis del Rito Latino en Estados Unidos. Al preparar este documento hemos consultado a todos los obispos de la Conferencia y a obispos de otros países; a teólogos, canonistas, educadores, administradores diocesanos, sacerdotes, diáconos, así como a muchos laicos que sirven en ministerios en el ámbito parroquial, diocesano, regional y nacional. Su consulta fue enormemente útil para formular este texto. Las Iglesias Orientales podrían hallar este material útil para abordar sus tradiciones y su vida pastoral particulares.

En Llamados y dotados para el Tercer Milenio, prometimos extender "nuestros estudios y diálogo concerniente al ministerio para entender mejor los asuntos críticos y encontrar vías efectivas para resolverlos".[25] En *Colaboradores en la Viña del Señor* damos un importante paso para cumplir esa promesa.

B. Comprender la realidad a la luz de la teología y la doctrina de la Iglesia

Para comprender la emergencia de los ministerios eclesiales laicos es necesario ir más allá del contexto sociológico y pastoral. En forma similar, la responsabilidad de abordar esta realidad no es simplemente una cuestión práctica u organizativa. Nuestra comprensión, evaluación y acción deben ser enmarcadas teológicamente, y expresadas con fidelidad a la fe y a la doctrina de la Iglesia. Así, pues, mientras desarrollamos esta reflexión sobre el ministerio eclesial laico, deseamos resumir varios puntos importantes de la doctrina de la Iglesia que iluminan esta realidad. Todo ministerio halla su lugar en el seno de la comunión de la Iglesia y sirve a la misión de Cristo en el Espíritu. Por tanto, la comunión y la misión proporcionan el fundamento para la comprensión y la ejecución del ministerio eclesial laico.

El Dios Trino: fuente de la misión de la Iglesia

El único Dios verdadero es fundamentalmente relacional: una comunión amorosa de personas, Padre, Hijo y Espíritu Santo. El misterio de Dios es un misterio de amor, el amor de la comunión Trinitaria revelado en la misión. "En el corazón del acto divino de la creación está el deseo divino de hacer lugar a las personas creadas en la comunión de las Personas no-creadas de la Santísima Trinidad mediante la participación adoptiva en Cristo".[26] Dios, entonces, dirige su amor hacia afuera en el acto de la creación, buscándonos y atrayéndonos a la vida divina, llamándonos a una conversión de toda una vida, desde el egoísmo y el pecado. En Jesucristo, Dios Padre revela su amor en forma personal y definitiva.

Jesús vino a proclamar la Buena Nueva del Reino de Dios, un reino de santidad, amor, verdad, justicia y paz, y a iniciar ese Reino en su propia persona mediante su muerte y Resurrección. [27]

La Iglesia proclama esta Buena Nueva. Unirse al trabajo de Dios de lograr la realización del Reino es la misión de la Iglesia entera, el Pueblo de Dios, que es en sí mismo, en la tierra, "el germen y el principio de este Reino".[28]

Mediante el Bautismo nos revestimos de Cristo y nos convertimos en miembros de su Cuerpo. Somos iniciados en la comunidad cristiana y llamados a la santidad de la vida en el mundo propia de los discípulos de Jesús. Pero mediante los tres Sacramentos de la Iniciación se nos llama a algo más: a abrazar la misión salvífica de Cristo.[29] El Bautismo inicia a todos en el único sacerdocio de Cristo, brindando a cada uno de los bautizados, en diferente forma, una participación en su tarea sacerdotal, profética y real.[30] Y así, cada uno de los bautizados, confirmado en la fe mediante los dones del Espíritu de Dios según el llamado de cada uno, es incorporado a la plenitud de la misión de Cristo para celebrar, proclamar y servir al reino de Dios.

En el Bautismo y la Confirmación somos iniciados en Cristo y recibimos al Espíritu Santo; en la Eucaristía compartimos "lo más precioso que la Iglesia puede tener en su caminar por la historia".[31] Los Hechos de los Apóstoles describieron al Espíritu Santo como un fuego que irrumpe en la escena y arde en los corazones de los apóstoles en Pentecostés, una fuerza que los impulsa a propagar la Buena Nueva.[32] San Pablo reflexiona sobre la presencia del Espíritu en los numerosos miembros que componen el Cuerpo de Cristo. Haciéndose eco de San Pablo, el Concilio Vaticano II nos recuerda que el Espíritu ofrece estas gracias especiales a "los fieles de cualquier condición". Mediante estos dones el Espíritu "los dispone y prepara para realizar variedad de obras y de oficios provechosos para la renovación y edificación de la Iglesia".[33]

Los carismas son esos dones y gracias del Espíritu que benefician, directa o indirectamente, a la comunidad. Puestos a prueba y guiados por los pastores de la Iglesia, con la asistencia de directores espirituales, directores de formación, mentores y otros individuos, estos carismas están ordenados "a la edificación de la Iglesia, al bien de los hombres y a las necesidades del mundo".[34] Por tanto, aunque hay una diversidad de ministerio en la Iglesia, hay también una unidad en la misión fundada en el único Dios, que es el Padre, el Hijo y el Espíritu Santo.

La Iglesia: una Comunión para la misión

El papa Juan Pablo II ha descrito a la Iglesia como "misterio de comunión trinitaria en tensión misionera".[35] Esta maravillosa frase expresa la convicción del Concilio Vaticano II de que la Iglesia encuentra su fuente y propósito en la vida y actividad del Dios Trino. La Iglesia es una comunión en la que se otorga a sus miembros una participación en la unión con Dios producida por Jesucristo en el Espíritu Santo. La realidad de la Iglesia es la comunión de cada cristiano con el Dios Trino y, por medio de ésta, la comunión de todos los cristianos entre sí en Cristo.[36]

La Iglesia es la comunión de los llamados por Cristo a ser sus discípulos. El discipulado es la vocación fundamental, en la que la misión y el ministerio de la Iglesia encuentran pleno sentido. El llamado al discipulado es, en primer lugar, un don. Dios nos ofrece una participación en la comunión Trinitaria, el amor del Padre, el Hijo, y el Espíritu Santo. Ésta es la esencia de la santidad, participar en Dios, el Santo, y pertenecerle. La santidad no es otra cosa que el don de la unión amorosa con Dios, y el compartir su amor en una relación apropiada con los demás. De esta manera, vivimos la comunidad Trinitaria en nuestra vida cotidiana.

Todos los creyentes, mediante el Bautismo, la Confirmación y la Eucaristía, constituyen "una raza elegida, un reino de sacerdotes, una nación consagrada, un pueblo que Dios hizo suyo" (1 Pe 2:9) y así comparten "la dignidad de los miembros por su regeneración en Cristo, gracia común de hijos, común vocación a la perfección, una salvación, una esperanza y una indivisible caridad".[37]

Y así, pues, este don, a su vez, se convierte en una misión que debe moldear la totalidad de la vida cristiana.[38] Ya que, por su misma naturaleza, la vida de santidad implica una apertura dinámica y un movimiento hacia los demás. La Iglesia existe para dar gloria a Dios y para continuar el trabajo de salvación de Cristo, que incluye la redención del pecado, al proclamar y celebrar la Buena Nueva de la presencia salvífica de Dios, mediante la palabra y los sacramentos. En la Iglesia todos somos a un sólo y mismo tiempo reunidos en comunión y enviados en misión. En realidad, "la comunión y la misión están profundamente unidas entre sí, se compenetran y se implican mutuamente, hasta tal punto que la comunión representa a la vez la fuente y el fruto de la misión: la comunión es misionera y la misión es para la comunión" .[39] Separar la comunión en la santidad de la misión en el mundo es ejercer violencia sobre ambas. Ya que mediante la comunión con Dios, la Iglesia sirve como signo e instrumento para la santificación de todo el mundo.

El ministerio: servir a la Iglesia y a su misión

Todos los fieles son llamados de diversas maneras a participar en la misión de la Iglesia de anunciar el reino de Dios y transformar el mundo a la luz de Cristo. "Del misterio de la Iglesia nace la llamada dirigida a todos los miembros del Cuerpo místico para que participen activamente en la misión y edificación del Pueblo de Dios en una comunión orgánica, según los diversos ministerios y carismas".[40]

La eclesiología de la comunión considera que los diferentes dones y funciones no actúan como adversarios, sino que se enriquecen y complementan mutuamente; y aprecia la unidad de la Iglesia como una expresión de los dones mutuos y recíprocos que están en armonía por acción del Espíritu Santo. La eclesiología de la comunión reconoce la diversidad en la unidad y reconoce el Espíritu como fuente de todos los dones que sirven para edificar el Cuerpo de Cristo (1 Co 12:4-12, 28-30). Ya que "la manifestación del Espíritu que a cada uno se le da es para provecho común" (1 Co 12:7).

En su sentido más amplio, el ministerio debe comprenderse como servicio (diakonía), y es el medio para realizar la misión en la comunión de la Iglesia. Es una participación del ministerio de Cristo, y también su expresión. Dentro de este amplio concepto de ministerio, es necesario hacer distinciones. Éstas iluminan la naturaleza de la Iglesia como una comunión orgánica y ordenada.

La distinción principal yace entre el ministerio de los fieles laicos y el ministerio de los ordenados, que es un llamado apostólico especial. Ambos están enraizados en la iniciación sacramental, pero el ministerio pastoral de los ordenados está facultado en forma única y esencial por el Sacramento del Orden Sagrado. Mediante él, se extiende el ministerio de los apóstoles. Como sucesores de los apóstoles, los obispos, "con sacerdotes y diáconos como asistentes", guían a sus diócesis como "maestros de doctrina, sacerdotes de culto sagrado y ministros dotados de autoridad".[41] Las tareas de enseñar, santificar y gobernar a los fieles constituyen la esencia del ministerio apostólico; forman "una indivisible unidad, no se pueden entender separadamente las unas de las otras".[42] Este reconocimiento de la función única de los ordenados no es una distinción basada en el mérito o el rango; más bien, es una distinción basada en el carácter sacramental otorgado por el Espíritu Santo, que configura al recipiente a Cristo la Cabeza,[43] y en la relación particular de servicio que el Orden Sagrado produce entre el ministerio eclesiástico y la comunidad. El ministerio ordenado es singularmente constitutivo de la Iglesia en un lugar determinado. Todos los demás ministerios funcionan en relación con él.

El ministerio es diverso y, al mismo tiempo, profundamente relacional. Esto es así porque el ministerio tiene su fuente en el Dios Trino y porque toma forma dentro de la Iglesia comprendida como comunión. Las relaciones ministeriales están fundadas, en primer lugar, en todo lo que tienen en común todos los miembros del Cuerpo de Cristo. Mediante su iniciación sacramental todos establecen una relación personal con Cristo y en una red de relaciones dentro de la comunión del Pueblo de Dios. El discipulado de cada persona hace posible una comunidad de discípulos formada por la misión de Cristo y para ella.

El desarrollo y ordenamiento adicional de relaciones apropiadas entre aquellos llamados a los ministerios públicos se realiza con la visión de impulsar a todos los discípulos a ser concientes de su llamado a la santidad y al servicio. Al examinar estas relaciones podemos lograr una mejor comprensión del lugar específico que ocupan los ministros eclesiales laicos en una comunidad ministerial ordenada y relacional.

El obispo y los ministros eclesiales laicos

El obispo es el centro de la comunión en la iglesia local y el vínculo de la comunión jerárquica con la Iglesia universal.[44] El obispo tiene la responsabilidad primordial de asegurar la comunión con la tradición apostólica de la Iglesia, de mantener la comunión con otras iglesias particulares dentro de la Iglesia universal, y de promover la comunión dentro de su iglesia particular, la diócesis.[45] Para expresar plenamente su propio oficio y establecer la catolicidad de su Iglesia, el obispo debe ejercer su propio poder de gobierno en la comunión jerárquica con el sucesor de San Pedro, el Obispo de Roma, y con el Colegio de Obispos. El obispo crea estructuras y medios para promover la comunión con los sacerdotes, los diáconos, los religiosos, los que ejercen el ministerio eclesial laico y la gente de la diócesis. En su ministerio de comunión y por su ministerio como "el primer predicador del Evangelio",[46] el obispo mantiene entre los sacerdotes y los fieles, la conciencia de la unidad de la fe y de la vida sacramental, cimentándolos en ellas. El obispo desafía a la iglesia local a recordar que las inquietudes, los problemas y los dones de cualquier comunidad, parroquia o grupo, deben comprenderse como inquietudes, problemas y dones de toda la Iglesia.

El ministerio pastoral del obispo fluye de su relación sacramental con Cristo, el pastor y cabeza de la Iglesia:

> El Obispo, revestido como está de la plenitud del Sacramento del Orden, es "el administrador de la gracia del supremo sacerdocio", sobre todo en la Eucaristía que él mismo celebra, ya sea por sí, ya sea por otros, que hace vivir y crecer a la Iglesia. . . En toda celebración, reunida la comunidad bajo el ministerio sagrado del Obispo, se manifiesta el símbolo de aquella caridad y "unidad del cuerpo místico de Cristo sin la cual no puede haber salvación". En estas comunidades. . . Cristo está presente, el cual con su poder da unidad a la Iglesia, una, católica y apostólica.[47]

Esta relación singular del obispo con Cristo es fuente de la relación profunda entre el obispo y su iglesia:

Cualquier forma de diferenciación entre los fieles, basada en los diversos carismas, funciones o ministerios, está ordenada al servicio de los otros miembros del Pueblo de Dios. La diferenciación ontológica y funcional que sitúa al Obispo al frente de los demás fieles, sobre la base de la plenitud del sacramento del Orden que ha recibido, consiste en *ser para* los otros fieles, que no lo desarraiga de su *ser con* ellos.[48]

Los ministros eclesiales laicos hallan sus relaciones con la comunidad y con sus párrocos, tanto en virtud de los Sacramentos de Iniciación, como en virtud del reconocimiento y la autorización que reciben de esos párrocos. Su compromiso significativo a largo plazo y sus funciones de liderazgo en ciertas áreas del ministerio también contribuyen a estas relaciones. Por razón de su ministerio es función del obispo, a menudo mediante el párroco, brindar una supervisión (episcopé), para ordenar estas nuevas relaciones ministeriales dentro de su diócesis, y para afirmar y guiar el uso de esos dones que traen los ministros eclesiales laicos; no para extinguir al Espíritu, sino para examinar todo y quedarse con lo bueno.[49]

En esta orientación de los ministros eclesiales laicos, pueden participar diversos agentes para asistir al obispo. La orientación puede adoptar una variedad de formas en la vida y estructura de una iglesia particular: establecer estándares de formación y de evaluación, proporcionar oportunidades y recursos para una educación continua y para el desarrollo profesional, formalizar la descripción de los cargos y establecer procesos apropiados para autorizar a los que se inician en un ministerio eclesial laico, y respaldar la resolución de conflictos entre los ministros eclesiales laicos y los ordenados. En todas sus elecciones de agentes y métodos de regulación, el obispo demuestra su interés pastoral por los hombres y mujeres que se brindan generosamente al ministerio eclesial.

El sacerdote y los ministros eclesiales laicos

El sacerdote, principal colaborador del obispo, lo asiste en la tarea de enseñar, santificar y guiar a la comunidad de discípulos. En unión con el obispo, al que hace presente en la comunidad local, el sacerdote representa sacramentalmente a Cristo, la Cabeza de la Iglesia, y así sirve para guiar el Cuerpo de Cristo en su misión de salvación y transformación del mundo:

El sacerdote, en cuanto que representa a Cristo, Cabeza, Pastor y Esposo de la Iglesia, se sitúa no sólo *en la Iglesia*, sino también *al frente de la Iglesia*. El sacerdocio, junto con la Palabra de Dios y los signos sacramentales, a cuyo servicio está, pertenece a los elementos constitutivos de la Iglesia. El ministerio del presbítero está totalmente al servicio de la Iglesia; está para la promoción del ejercicio del sacerdocio común de todo el Pueblo de Dios.[50]

Este trabajo puede realizarse de muchas maneras para "apacentar de tal modo a los fieles y de tal manera reconocer sus servicios y carismas, que todos, a su modo, cooperen unánimemente a la obra común".[51]

Los que están ordenados en el sacerdocio continúan poniendo en práctica su Bautismo; es más, reciben en el Sacramento del Orden una participación en el sacerdocio de Cristo que es diferente —no simplemente en grado sino en esencia— de la participación dada a todos los fieles mediante el Bautismo y la Confirmación. Aunque difieren esencialmente, el sacerdocio ordenado y el sacerdocio común de los fieles están ordenados mutuamente y, por lo tanto, están relacionados íntimamente.[52] Los ministros eclesiales laicos, especialmente los que sirven en parroquias, buscan en sus sacerdotes liderazgo para desarrollar una colaboración que sea mutuamente vivificante y respetuosa.

El diácono y los ministros eclesiales laicos[53]

Como los sacerdotes, los diáconos continúan viviendo su Bautismo y han recibido en el Sacramento del Orden una participación en el ministerio pastoral que es esencialmente diferente de la otorgada a los fieles laicos.[54] Como ministros ordenados, los diáconos dependen necesariamente para el ejercicio de su ministerio del obispo, que posee la plenitud de los órdenes, y son colocados en una relación fraternal especial con los presbíteros "en comunión con los cuales están llamados a servir al pueblo de Dios".[55]

Aunque en ciertas ocasiones los diáconos pueden llevar a cabo las mismas tareas de los ministros eclesiales laicos, hay que tener cuidado en evitar una comprensión meramente funcional de la identidad sacramental del diácono. Incluso cuando puedan ejercer funciones que son las mismas que las ejercidas por personas laicas o sacerdotes, el ministerio del diácono, sin embargo, posee una base sacramental distinta que fluye del Sacramento del Orden. Esta base sacramental está marcada por la vocación permanente y pública del diácono al ministerio, y por su participación singular en el ministerio apostólico del obispo.

Los diáconos y los ministros eclesiales laicos a menudo trabajan juntos como miembros del personal de la parroquia bajo la dirección del párroco. El respeto mutuo y la estrecha colaboración de los ministros eclesiales laicos y los diáconos en este entorno y en todos los esfuerzos pastorales, pueden ser un maravilloso testimonio de la única comunión y misión que une a todos los discípulos en Cristo.

Los fieles laicos y los ministros eclesiales laicos

Los ministros eclesiales son miembros de los fieles laicos y comparten el sacerdocio común de todos los bautizados. Como tales, son llamados al discipulado y a "iluminar y ordenar todas las realidades temporales, a las que están estrechamente unidos, de tal manera que éstas lleguen a ser según Cristo".[56]

El llamado adicional de algunas personas al ministerio eclesial laico agrega una gracia especial por la que el Espíritu Santo "los dispone y prepara para realizar variedad de obras y de oficios provechosos para la renovación y una más amplia edificación de la Iglesia".[57] El ministerio eclesial laico fluye de un compromiso de fe explícito y está animado por el amor a Dios y al prójimo. También implica una relación explícita de mutua responsabilidad y colaboración con la jerarquía de la Iglesia.

En virtud de su llamado, los ministros eclesiales laicos asumen una nueva relación con la misión de la Iglesia y con los otros ministros que trabajan para llevarla a cabo. Por lo tanto, deben ser personas conocidas por un amor genuino a toda la Iglesia Católica, que existan en plena comunión del corazón y la mente con el Papa, como sucesor de Pedro, y cuya identidad eclesial esté formada por la obediencia al obispo de la diócesis y al magisterio universal, y que esté expresada, del mismo modo, por la colaboración generosa con los ordenados y con otros ministros eclesiales laicos.

El llamado al ministerio eclesial laico agrega un enfoque particular al discipulado esperado de todos los bautizados. Su llamado, sin embargo, no debe alimentar un elitismo que coloque a los ministros eclesiales laicos por encima o por fuera del laicado. Como Jesús, son llamados a servir y no a ser servidos. Deben utilizar sus dones y funciones de liderazgo siempre para el bien de la Iglesia, preparando a la comunidad para toda obra buena y fortaleciéndola para su misión en el mundo.

El ministerio en la Iglesia continúa el ministerio de Jesús en el curso de los tiempos y en todo el mundo. Continuamente, el Espíritu inspira nuevos ministerios y a nuevos ministros para servir ante nuevas necesidades, tal como lo muestra la historia de la Iglesia. En nuestra época han surgido los ministros eclesiales laicos, hombres y mujeres que trabajan en colaboración con obispos, sacerdotes, diáconos y otros laicos, cada uno de ellos respondiendo a los carismas concedidos por el Espíritu. Debido a su carácter secular, en un modo particular ellos "son la

Iglesia en el corazón del mundo y traen al mundo al mismo corazón de la Iglesia"[58] al atender a las necesidades de la comunidad actual. Los laicos que trabajan en la Iglesia y para ella requieren apoyo y aliento en su tarea especial de evangelizar un mundo crecientemente incrédulo.

Segunda parte
Aplicaciones pastorales

A. Caminos hacia el ministerio eclesial laico

El anhelo del ministerio eclesial laico

El camino que lleva al ministerio eclesial laico para cualquier persona es tan singular como lo es esa persona. No existe un camino típico, sólo una multitud de ejemplos. La mayoría de los caminos son bastante tortuosos; pocos son directos.

Algunos jóvenes emergen de una variedad de experiencias profundamente comprometidas con Cristo y su misión: de las iglesias domésticas de sus familias, de las experiencias parroquiales en la pastoral juvenil y en el servicio social, de su educación universitaria ya sea de pregrado o de postgrado, de su participación en RICA y en los programas de pastoral universitaria, y de las experiencias como voluntarios, tanto en el país como en el exterior. Estas experiencias alimentan el anhelo de participar más plenamente en el ministerio de la Iglesia.

Algunos adultos de mediana edad, con considerable experiencia anterior como voluntarios, pueden sentir el deseo de servir a la Iglesia en forma más plena. Los adultos jubilados, al reconocer el potencial espiritual de su experiencia y conocimientos acumulados, de sus recursos económicos personales y del tiempo disponible, se sienten libres para responder a los deseos que han dejado de lado para cumplir con obligaciones familiares o profesionales.

Las pequeñas comunidades de fe de nuestras parroquias, los movimientos, las comunidades eclesiales y otras asociaciones pastorales, desempeñan un importante papel en fomentar el llamado al ministerio eclesial laico. Cultivan un gran afecto en sus miembros por la misión de Cristo y la Iglesia. Los hábitos de la oración, el estudio y el servicio, que se requieren de los ministros eclesiales laicos, a menudo se desarrollan mediante la participación en dichas organizaciones. El

66,2% de los ministros parroquiales identificaron su participación en tales movimientos religiosos y experiencias de renovación como muy importantes en su decisión de ingresar en el ministerio parroquial.[59]

Independientemente de la forma en que surge el deseo de invertir una parte considerable de la vida de uno en alguna forma de ministerio eclesial, ese deseo merece el respaldo de la Iglesia entera. Todos en la Iglesia, especialmente los sacerdotes, sirven como promotores de vocaciones para el ministerio ordenado.[60] En la misma forma, los ministros ordenados y los ministros eclesiales laicos tienen oportunidades especiales para reclutar individuos con potencial para el ministerio eclesial laico. Pueden invitar a aquellos que se sienten atraídos a dicho ministerio y cuentan con los dones para él, cualquiera sea su edad o preparación formal, para que consideren compartir más plenamente su tiempo y su talento con la comunidad parroquial. El papa Juan Pablo II alentó estas iniciativas:

> Los presbíteros, en cuanto pastores del pueblo de Dios en América . . . procurarán discernir los carismas y las cualidades de los fieles que puedan contribuir a la animación de la comunidad, escuchándolos y dialogando con ellos, para impulsar así su participación y corresponsabilidad. Ello favorecerá una mejor distribución de las tareas que les permita "consagrarse a lo que está más estrechamente conexo con el encuentro y el anuncio de Jesucristo, de modo que signifiquen mejor, en el seno de la comunidad, la presencia de Jesús que congrega a su pueblo".[61]

Una invitación personal —especialmente de los obispos, párrocos, diáconos y de los que se desempeñan en el ministerio eclesial laico, pero también de otros que los conocen— a menudo fortalece el espíritu dentro del futuro ministro y alienta al individuo a considerar el inicio de una preparación formal. La ayuda para localizar fuentes de asistencia económica para la preparación puede reducir barreras iniciales. La invitación a todo ministerio de la Iglesia, ordenado o laico, es especialmente importante en esas comunidades que cuentan aún con poca representación de ministros eclesiales laicos[62] y en las que los jóvenes no ven muchos ministros. Entre los grupos poco representados se encuentran grupos de orígenes étnicos y raciales diversos, así como también los discapacitados. Es necesario alentarlos frecuentemente y demostrar apoyo a su anhelo de servir en la Iglesia.[63]

Discernimiento del llamado al ministerio eclesial laico

Entre los bautizados, todos los cuales son llamados a servir la misión de la Iglesia, algunos de ellos experimentan un llamado más específico al ministerio eclesial laico. El llamado puede llegar en un momento dramático. Pero a menudo, el llamado se desarrolla en el curso del tiempo, a medida que la persona crece —dentro de la comunidad de fe— en el amor a Dios y en el deseo de hacer su voluntad. Uno empieza a considerar que las gracias recibidas pueden ponerse ahora al servicio de la Iglesia. Se inicia un período de discernimiento.

El discernimiento de un llamado al ministerio eclesial laico es un proceso que requiere oración, diálogo, y evaluación. Es tanto personal como comunal, e involucra a familia y amigos, así como también a colegas y mentores. Para los ministros laicos casados, es importante la participación de sus cónyuges, ya que el ministerio eclesial afecta considerablemente la relación matrimonial. Los hijos adolescentes también podrían estar incluidos en el proceso, puesto que ellos también se verán afectados por el compromiso de sus padres con el ministerio eclesial.

El período de discernimiento se caracteriza por una variedad de experiencias, entre las que se encuentran el incremento de prácticas litúrgicas y sacramentales, los retiros, los días de oración y recogimiento, y una orientación espiritual individual o grupal. Los párrocos, los vicarios parroquiales, los diáconos, los ministros eclesiales laicos, los maestros y consejeros desempeñan un papel importante en el proceso de discernimiento. Estas conexiones con la Iglesia proporcionan un ambiente en el que el individuo se siente apoyado y puede descifrar, poner a prueba y fortalecer su llamado al ministerio eclesial laico. En efecto, el discernimiento se vuelve no sólo personal y comunal, sino también eclesial.

Los mentores, tanto formales como informales, pueden ser especialmente útiles. Un ministro de la Iglesia con experiencia introduce al posible ministro laico en el lugar de trabajo ministerial. El mentor comunica algo más que destrezas. Él o ella presentan el contexto particular en el que el ministerio tendrá lugar, incluyendo los desafíos y las oportunidades. El mentor ayuda al futuro ministro a desarrollar expectativas realistas acerca del ministerio, entre las que se encuentran las limitaciones de lo que se puede llevar a cabo. Esto puede prevenir el desencanto que resulta cuando la experiencia real no se ajusta a las expectativas. Al compartir sus propias experiencias de progreso y logros, sacrificios y frustraciones, los mentores preparan a los nuevos ministros para que hagan un compromiso ministerial bien informado.

En todo el proceso de discernimiento el individuo necesita preguntarse: ¿Qué talentos, virtudes y límites poseo que indiquen mi capacidad para servir al pueblo de Dios mediante un compromiso con el ministerio eclesial laico? Los laicos con un llamado al ministerio eclesial laico poseen ciertas disposiciones, que son desarrolladas más a fondo durante el proceso de preparación formal. Entre ellas se encuentran las siguientes:

- Estar en comunión plena con la Iglesia Católica, y ser capaz de servir con regocijo y fidelidad dentro de la comunión jerárquica que es la Iglesia
- El deseo de servir a la Iglesia y su misión, que procede del amor a Dios y al pueblo de Dios
- Un compromiso de orar en forma personal y regular, de participar en la Misa más allá de la obligación del domingo, y en los otros sacramentos, especialmente el Sacramento de la Penitencia
- Un fervor por vivir una vida cristiana, y un anhelo de vivir y enseñar lo que enseña el magisterio
- Una madurez emocional, que incluye la capacidad de mantener amistades y relaciones profesionales, y la capacidad de auto-control y expresión apropiada tanto del enojo como del afecto.
- Los dones intelectuales necesarios para el ministerio específico
- Un compromiso de mantener una comunicación adecuada, y aptitudes para la resolución de conflictos

La publicación Estándares nacionales de certificación para ministros eclesiales laicos que sirven como líderes catequéticos parroquiales, líderes de la pastoral juvenil, asociados pastorales y coordinadores de la vida parroquial[64] aborda estas cualidades y otras relacionadas con ellas, tal y como se desarrollan en el curso de los programas de formación para el ministerio. Los estándares son un recurso que puede ser útil para identificar a eventuales ministros eclesiales laicos, así como para establecer objetivos para la formación y certificación de aquellos que están completando los programas.

Determinación de la aptitud para el ministerio eclesial laico

A medida que un individuo se esfuerza por discernir y profundizar un llamado al ministerio eclesial laico, un director espiritual o mentor puede ayudar a determinar la aptitud del individuo para el ministerio. El individuo y su director o mentor considerarán atentamente si el individuo está listo para dicho ministerio desde el punto de vista humano, espiritual, intelectual y pastoral. La existencia de una discapacidad no debe impedir que se considere a una persona para el ministerio eclesial laico.

La aptitud para el ministerio público, autorizado por la Iglesia, se demuestra de diferentes maneras. En primer lugar, la disposición del individuo para el ministerio se practica dentro de las creencias y de la disciplina de la fe católica. (Es importante, por ejemplo, que los matrimonios sean regulares desde el punto de vista canónico). Entre las disposiciones típicas se hallan las siguientes:

- La oración como práctica habitual, que esté enriquecida por la Escritura y la Liturgia
- Conocimiento de la doctrina de la Iglesia y adhesión a ella en la enseñanza y en el diálogo
- Respeto y aprecio de la Tradición y de las tradiciones de la Iglesia
- Celebración regular de los sacramentos, especialmente de la Eucaristía y la Penitencia, y participación en la vida de la comunidad parroquial a la que uno pertenece
- Capacidad o potencial para dirigir a otros en su servicio

Otra medida de aptitud se pone de manifiesto cuando un individuo demuestra salud psicológica y social. Las siguientes son pruebas típicas de este rasgo:

- Una vida casta como persona soltera, célibe o casada
- Amistades y relaciones cordiales, que conduzcan a un crecimiento personal y profesional
- Equilibrio emocional maduro, respeto por todos dentro de la Iglesia (tanto ordenados como laicos), y carencia de motivaciones personales
- Deseo y capacidad para realizar estudios disciplinados que incluyan temas académicos y eclesiales
- Apreciación de ideas nuevas, capacidad de pensamiento crítico y capacidad de manejar el estrés

La determinación de la aptitud para el ministerio eclesial laico es un proceso gradual que involucra a múltiples agentes. Dentro de los programas diocesanos de formación para el ministerio, los directores y el personal de los programas participan generalmente en este proceso. Algunas universidades, seminarios y escuelas de teología ofrecen programas de formación ministerial bien desarrollados que sirven a este propósito. Otras instituciones de este tipo a veces confían en la diócesis para que ésta complemente lo que ellos proporcionan a sus estudiantes, así como algunas diócesis dependen de dichas instituciones para que éstas proporcionen preparación académica a los posibles ministros eclesiales laicos. Alentamos esos arreglos cooperativos en aquellas situaciones en que puedan satisfacer mejor las necesidades de la Iglesia, evitando multiplicaciones innecesarias y costosas de los servicios de la Iglesia.

La utilización de referencias, investigación de antecedentes personales y otros instrumentos de índole similar son medios objetivos para determinar la idoneidad individual para el ministerio. Se requerirá que los ministros eclesiales laicos que trabajen con niños, en conformidad con las normas diocesanas, se sometan a una investigación de antecedentes.[65] Puede ser útil la utilización de un extenso formulario de solicitud, que incluya preguntas pertinentes con respecto a datos personales y disposiciones necesarias, en el que haya espacio para una autobiografía que incluya la descripción de la historia personal de fe del individuo, y referencias entre las que se halle una carta del párroco, que dé fe de la buena reputación del individuo y de su participación en la parroquia.

La salud mental del individuo y su capacidad de participar en interacciones humanas típicas pueden ser evaluadas y confirmadas mediante diversos exámenes psicológicos, que servirán también para guiar un mayor crecimiento.[66] Los exámenes psicológicos a menudo evalúan la relación del individuo con la autoridad, su tolerancia, su ambigüedad, su capacidad de adaptación y sus posibles psicopatologías. Dichos instrumentos pueden ser utilizados al comienzo de la preparación para el ministerio, así como también antes del nombramiento para un ministerio específico. Los resultados de estos instrumentos son útiles para entrevistas personales, para evaluaciones y para la creación de planes de formación individuales. La información que se recoge mediante dichos instrumentos debe siempre utilizarse apropiadamente, con cuidadosa consideración de la protección de toda información privada y confidencial.

Ni el discernimiento ni la determinación de la idoneidad son procesos que ocurren en una sola vez. El discernimiento acompañado por la oración debe ser el hábito de toda una vida para todos los cristianos comprometidos. La determinación de la aptitud será repetida en diferentes momentos, en el curso de la preparación y del servicio ministerial de un individuo. Sin embargo, el discernimiento y la determinación de la aptitud deben estar presentes inicialmente en alguna medida, antes de que el futuro ministro eclesial laico comience un programa formal de preparación.

B. Formación para el ministerio eclesial laico

Introducción

La Iglesia siempre ha requerido una formación apropiada para todos aquellos que ejercen un ministerio.[67] De la misma manera, el canon 231, del CDC, declara que "los laicos que de modo permanente o temporal se dedican a un servicio especial de la Iglesia tienen el deber de adquirir la formación apropiada que se requiere para desempeñar bien su función". Los ministros eclesiales laicos, como los ordenados, necesitan y merecen tener una formación que les proporcione estándares elevados, métodos eficaces y metas globales. Lo que presentamos a continuación no tiene la intención de establecer estándares nacionales ni una normativa uniforme y única, sino objetivos y lineamientos amplios para evitar prácticas incorrectas y normas problemáticas. Alentamos a las diócesis y a las instituciones académicas a que busquen formas creativas de proporcionar oportunidades para la preparación y formación de los ministros eclesiales laicos, especialmente en áreas rurales y misioneras, y para satisfacer las necesidades de grupos culturales diversos.

"Cuidar con especial solicitud la calidad", dijo el papa Juan Pablo II, "significa, pues, procurar con preferencia una formación básica adecuada y una actualización constante. Se trata de una labor fundamental para asegurar a la misión de la Iglesia, personal calificado".[68] Estas palabras, dirigidas a catequistas (hombres y mujeres que llevan a cabo una amplia gama de deberes pastorales) en tierras misioneras, pueden aplicarse también a los ministros eclesiales laicos de nuestro país. Los métodos de formación eficaces tienen en cuenta a la persona en su totalidad: sus emociones, su imaginación, su voluntad, su corazón y su mente. La que sirve es la persona entera; por lo tanto, la persona en su totalidad es el sujeto apropiado de la formación.

Las cuatro áreas de formación —humana, espiritual, intelectual y pastoral— que proporcionan un marco de referencia para la formación de diáconos y sacerdotes, proporcionan también el marco para los ministros eclesiales laicos.[69] Los ministros eclesiales laicos necesitan

- *Cualidades humanas*, fundamentales para establecer relaciones sanas, y necesarias para ser instrumentos aptos del amor y la compasión de Dios

- Una *espiritualidad* y una práctica de la oración que los arraigue en la vida Trinitaria de Dios, fundando y animando todo lo que hacen en el ministerio
- Un *conocimiento* adecuado de la disciplina teológica y pastoral, junto con la *capacidad intelectual* para utilizarlo en el contexto de las culturas y de la población de nuestro país
- Las *aptitudes pastorales* necesarias para el ministerio particular en el que se desempeñan

El nivel de preparación y el alcance de la formación son cuestiones importantes que no tienen una respuesta única. Los ministros eclesiales laicos, sus supervisores, y especialmente los obispos diocesanos, son los que están más capacitados para discernir las necesidades locales, y para establecer estándares y expectativas según ellas, procurando siempre proporcionar lo más adecuado para una comunidad o situación pastoral específica. Lo que presentamos a continuación en este documento podría ser más viable, en este momento, en algunas situaciones, y menos en otras.

Una formación inadecuada y defectuosa perjudica a la Iglesia, en lugar de ayudarla. Generalmente, es preferible un grado de maestría, o por lo menos de bachiller universitario, en un campo de estudios apropiado.[70] El trabajo necesario para obtener un diploma universitario proporciona una metodología y una base sistemática de conocimientos en una disciplina específica. Si los estudios se llevan a cabo en una institución académica católica, y si se incluye en ellos teología y disciplinas relacionadas, pueden proporcionar una base en la doctrina católica y sentar los cimientos para una práctica pastoral adecuadamente informada.

La colaboración entre diócesis, instituciones académicas y otros programas de capacitación son muy útiles, particularmente en situaciones en las que no hay una institución académica o diocesana que pueda brindar toda la formación necesaria para la mayoría de los ministros eclesiales laicos. La formación de los ministros eclesiales laicos necesita de evaluaciones y revisiones durante todo el período de formación. Alentamos a todos aquellos que participan en el ministerio de la formación a proporcionar esas evaluaciones y revisiones.

Puesto que los ministros eclesiales laicos sirven a la Iglesia como laicos, su formación debe tener "una característica especial por su misma índole secular y propia del laicado y por el carácter espiritual de su vida".[71] Este carácter implica reconocer las diversas circunstancias de vida de los casados, de los solteros o de los miembros no ordenados que han hecho votos en una comunidad religiosa.

Los ministros eclesiales laicos casados tienen un vínculo sacramental con sus cónyuges, y un compromiso para edificar la iglesia doméstica por medio de las dimensiones unitivas y procreadoras propias de la alianza del amor matrimonial. Este vínculo es un gran don que ellos traen a la misión de la Iglesia de compartir la Buena Nueva. Los solteros testimonian la singularidad del llamado de Dios en cada vida humana, a través del celibato que es fielmente aceptado o libremente escogido. Los religiosos consagrados que ejercen otro servicio eclesial, mantienen una responsabilidad y un vínculo fundamental con sus comunidades religiosas. En medio de estas distinciones existe un aspecto común, que comparten todos los ministros eclesiales laicos: los compromisos particulares adquiridos en sus vidas los forman, a cada uno de ellos, como personas. Del mismo modo que esos compromisos influyen en sus compromisos con el ministerio, así también afectan su formación para el ministerio.

Los formadores (es decir, aquellos responsables de la formación humana, espiritual, intelectual y pastoral) deben reconocer y utilizar las experiencias de vida de los ministros eclesiales laicos: por ejemplo, sus amplias y diversas relaciones familiares, las responsabilidades ordinarias de sus tareas cotidianas, o los desafíos financieros de la educación de los hijos o de la jubilación.

Cada persona que se prepara para el ministerio eclesial laico ha sido formada ya por el contexto o los contextos culturales que dicha persona ha experimentado. Los programas de formación necesitan recordar las palabras del papa Juan Pablo II: que la formación "tendrá máximamente en cuenta la cultura humana del lugar, que contribuye a la misma formación. . . Que se preste también la debida atención a las diversas culturas que pueden coexistir en un mismo pueblo y en una misma nación".[72] Los formadores pueden ayudar a los participantes a discernir las luces en la cultura y la forma de fortalecerlas en el ministerio. Los participantes deben estudiar también las sombras de la cultura, particularmente las que conforman la "cultura de la muerte", y deben explorar la manera de transformarlas de acuerdo con el mensaje del Evangelio y a las enseñanzas de la Iglesia.

Los programas de formación harán bien en incorporar, consciente y deliberadamente, personas de diferentes culturas y en preparar gente para el servicio en diversas comunidades culturales. El énfasis multicultural debe impregnar el contenido, los métodos, los objetivos y el diseño de los programas de formación. Los programas que operan desde un modelo cultural único pierden la dimensión de una riqueza sólo asequible mediante la experiencia viva de muchas culturas. La creciente diversidad cultural de la Iglesia en nuestro país requiere una diversidad similar en la preparación de sus ministros eclesiales laicos. Dentro de la diversidad, sin embargo, no somos llamados a tratar de asimilar a todos en una cultura única, sino a unirnos para edificar la cultura de la Iglesia: el poder transformador del Evangelio.

Formación humana

OBJETIVO: *La formación humana procura desarrollar las cualidades humanas y el carácter del ministro eclesial laico, promoviendo una personalidad sana y bien equilibrada, tanto por el bien del crecimiento personal como del servicio ministerial.*

Elementos de la formación humana

La formación humana, cuyo objetivo es conducir a los ministros eclesiales laicos a una mayor madurez como adultos y como ministros de la Iglesia, incluye los siguientes rasgos:

- *Una comprensión básica de uno mismo y de los demás* que pueda ayudar a los ministros eclesiales laicos a relacionarse en forma más auténtica con Dios y con los otros
- *Salud psicológica*, marcada por la integridad, por límites interpersonales apropiados, y por la capacidad de honrar y salvaguardar la confianza que la gente deposita en ellos como ministros de la Iglesia
- *Una sexualidad madura*, que cultive la expresión de la castidad apropiada para el estado de sus vidas, que comprenda y respete los límites sexuales apropiados, y reconozca las graves consecuencias psicológicas y legales de una conducta sexual inapropiada, incluyendo el acoso y el abuso sexual
- *Salud física,* que incluya un equilibrio general en la vida y en el ministerio de uno, marcado por prácticas adecuadas para mantener un buen estado de salud
- *Conocimiento de los propios dones personales y carismas especiales* y de su relación con los ministerios particulares
- *Reconocimiento de los rasgos y aptitudes de los que uno carece*, que conduzca al objetivo de colaborar armónicamente con los que posean dones diferentes y complementarios
- *Comprensión de los sistemas y de las dinámicas familiares*, dentro del contexto de la doctrina de la Iglesia sobre el papel y la misión de la familia cristiana
- *Capacidad para aprender tanto de los elogios como de las críticas*, y de recibir y evaluar ambos con honestidad y ecuanimidad

- *Apreciación y valoración de la diversidad racial, étnica y cultural*
- *Una preocupación y un respeto genuino por los demás*, arraigados en el ejemplo de Jesús, en la enseñanza de la Iglesia del Evangelio de la Vida y en la dignidad de la persona humana
- *Virtudes del discipulado cristiano*, entre las que se encuentran las virtudes cardinales de la prudencia, la justicia, la fortaleza y la templanza, así como también la honestidad, la humildad, la compasión, la iniciativa, el valor, la visión, la energía, la hospitalidad y el gozo cristiano, todas ellas necesarias para dirigir a otros

Métodos para la formación humana

La formación humana tiene lugar, principalmente, mediante el contacto humano con personas cuyo ejemplo o consejo pueda demostrarle a uno qué significa ser como Cristo. En la medida en que los formadores del programa puedan desempeñar este papel, contribuirán con la tarea de la formación humana.

- *Participación en una pequeña comunidad de fe*. Las pequeñas comunidades de fe proporcionan oportunidades de apoyo y de responsabilidad. Crear, guiar y apoyar a pequeñas comunidades dentro de los programas de formación favorece el trabajo de la formación humana.
- *Afirmación y crítica*. La conversación informal, los comentarios en clase y acerca de los trabajos entregados, la orientación académica, las sesiones con mentores y la evaluación de los propios compañeros, pueden favorecer el discernimiento y el crecimiento de todos los implicados.
- *Reacciones y comentarios periódicos*. Las reacciones de los demás estudiantes, sencillos perfiles de personalidad o exámenes psicológicos más extensos, evaluaciones globales y diversas recomendaciones, pueden ayudar a los estudiantes a discernir si están preparados para el ministerio.
- *Orientación psicológica*. La orientación psicológica puede ser un medio de crecimiento personal y de resolución de problemas. Sin embargo, si es necesario recurrir a la psicoterapia, generalmente es mejor concluir esa fase antes de iniciar o de continuar la preparación para un ministerio.
- *Animar a la autorreflexión y al conocimiento de uno mismo*. Estas aptitudes pueden desarrollarse en una situación ministerial mediante la elaboración de diarios personales, la supervisión pastoral y otros medios.

Formación espiritual

OBJETIVO: *La formación espiritual tiene como meta producir y animar una verdadera sed de santidad, un deseo de unión con el Padre por medio de Cristo en el Espíritu, un crecimiento cotidiano en el amor a Dios y al prójimo en la vida y en el ministerio, y la práctica de la oración y de la espiritualidad que promueven estas actitudes y disposiciones. La formación espiritual promueve y fortalece esa conversión fundamental, que coloca a Dios, y no a uno mismo, en el centro de la vida de uno. La apertura a esta conversión continua es el prerrequisito para una formación espiritual fructífera.*

La experiencia personal del amor al Padre en Cristo y por medio del Espíritu, en y a través de la Iglesia, es fundamental para todo ministerio, así como también para un verdadero discipulado. Si el ministerio no fluye de un encuentro personal y de una relación continua con el Señor, por más "consumado" que ese ministerio sea en sus métodos y actividades, carecerá del alma esencial y de la fuente necesaria para producir un fruto duradero.

Nada puede reemplazar esta verdadera conversión y el encuentro personal con Cristo. La formación espiritual no puede producirla, ya que es un don misericordioso de Dios; pero la formación espiritual puede enseñar y ayudar a los que la buscan, prepararlos para que la reciban, y, cuando es concedida, desarrollar sus frutos en su vida y en su ministerio. Esta dinámica de crecimiento espiritual es un componente esencial en la formación del ministerio.

El ministerio eclesial laico no tiene una espiritualidad singular, más allá de su fundación común en los sacramentos y la palabra de Dios, en la vida pastoral y en la comunión de la Iglesia, y en el único Espíritu que ha sido concedido a todos. Ya que "hay tantos caminos en la oración como orantes," aunque "es el mismo Espíritu el que actúa en todos y con todos".[73] Las múltiples exigencias familiares y las responsabilidades de la comunidad pueden, en ocasiones, poner a prueba a algunos ministros eclesiales laicos en su esfuerzo por apartar tiempo y espacio con regularidad para las prácticas espirituales. Sin embargo, cuando se vive la vida cotidiana deliberada y reflexivamente, a la luz del Evangelio de Jesucristo, ésta se convierte en una escuela de santidad.

Elementos de la formación espiritual

- *Una unión viva con Dios.* Para todos los bautizados, esta unión es el objetivo de su vida cristiana. Para los ministros eclesiales laicos, es la base de su ministerio, y la fuente irreemplazable de su autenticidad y de su fecundidad.
- *Una formación espiritual construida sobre la palabra de Dios.* Leer, estudiar, meditar sobre la Escritura y orar con ella, son prácticas fundamentales para el discipulado cristiano y son esenciales para los ministros eclesiales laicos. La profunda atención a la palabra proclamada en la Liturgia, la lectio divina, la oración de los salmos y la participación en grupos para compartir la fe pueden fortalecer la identidad y la espiritualidad de una persona como ministro eclesial.
- *Una formación espiritual basada en la Liturgia, especialmente en los sacramentos.* La celebración y el estudio del año litúrgico explicarán "todo el misterio de Cristo"[74] y profundizarán la propia apreciación de la presencia continua de Dios en los diversos tiempos litúrgicos. Con una espiritualidad enraizada en los Sacramentos de la Iniciación, el ministro encuentra a Dios y su gracia en la Eucaristía, expresa y crece en la fe, fortalece el vínculo con la Iglesia y recibe alimento para llevar a cabo la misión. En el sacramento de la Penitencia, que el ministro recibe a menudo, él o ella experimentan "un encuentro más personal con Cristo crucificado que perdona", y honra "el derecho [de Cristo] a encontrarse con cada uno de nosotros en aquel momento clave de la vida del alma, que es el momento de la conversión y el perdón".[75] Rezar la Liturgia de las Horas es otro medio de unir al ministro eclesial laico con la Iglesia universal.
- *Una espiritualidad encarnada de presencia, y una espiritualidad pascual de servicio amoroso.* El amor encarnado entra voluntariamente en los "gozos y esperanzas, tristezas y angustias"[76] de la gente de nuestra época, haciendo que uno esté plena y fielmente presente en cada persona y cultura como lo está Cristo. El amor pascual, que siempre incluye la cruz, significa que uno está dispuesto a sacrificarse para que los demás puedan experimentar la vida abundante de Dios, y para que todos juntos, fortalecidos por la esperanza, podamos apresurarnos a la Resurrección.[77]
- *Una conciencia del pecado.* En épocas caracterizadas por el debilitamiento o la pérdida de la conciencia del pecado, una espiritualidad sana debe "restablecer el sentido justo del pecado"[78] de manera tal que uno pueda oír el Evan-

gelio de la misericordia con agradecido regocijo, arrepentimiento genuino y renovada conversión.

- *Una espiritualidad para el sufrimiento.* Para servir a los que sufren o a aquellos cuyos seres queridos sufren, realmente ante la faz de su propio sufrimiento, los ministros eclesiales laicos necesitan una actitud teológica informada y una espiritualidad madura, fortalecidas por la fe y la esperanza, para poder enfrentar y abrazar el misterio de la existencia humana.
- *Una espiritualidad mariana.* María es el ejemplo perfecto de "una vida espiritual y apostólica", al abordar preocupaciones y tareas familiares, y permanecer íntimamente unida a su Hijo, cooperando en su tarea salvífica.[79] "La importancia teológica de María aparece en la Iglesia. . . María es la Iglesia en persona, y la Iglesia como totalidad encarna lo que María, como persona, anticipa".[80] La devoción a María ayudará a los ministros eclesiales laicos a comprender y amar mejor a la Iglesia.
- *Amor por la Iglesia.* Aprendemos a amar a la Iglesia mirándola con los ojos de Jesús, que "amó a la Iglesia y se entregó a sí mismo por ella" (Ef 5:25). Aunque la Iglesia está compuesta por todos nosotros, seres humanos pecadores, Cristo la ha convertido en su Cuerpo Místico. Al vivir por la victoria de su Resurrección, la Iglesia es una realidad de la fe, manifestada en el testimonio de numerosos mártires y santos, en las vidas positivas de innumerables cristianos, en la santidad de la doctrina y en los dones brindados por Cristo. Los llamados al ministerio eclesial laico pueden responder si son conscientes de que la Iglesia es el amor de Dios operando en el mundo, es la oferta de salvación que Dios nos da únicamente por medio de Cristo. Ello requiere en el ministerio eclesial laico un sentido de gratitud hacia la Iglesia, que es el don de Dios, quien la sostiene y renueva.

Amor a la Iglesia significa regocijarse en ella tal y como El la hizo, y permitir que ese hecho dé forma a la propia identidad. No significa que uno necesite negar el lado oscuro de la historia de la Iglesia, ni pensar que en toda circunstancia las palabras y las acciones de sus representantes, incluyendo a los ministros eclesiales laicos, deben ser saludadas con admiración.

Los ministros eclesiales laicos sirven públicamente en la iglesia local; así pues necesitan aceptar este papel con fidelidad y lealtad, y ser capaces de desempeñarlo con integridad, plenamente versados en la auténtica doctrina de la Iglesia, apoyándola, siendo capaces de defenderla y de presentarla con claridad. La formación espiritual puede ayudar a los individuos a discernir si este llamado es para ellos, a abrazarlo con alegría si lo es, o a seguir tranquilamente otro camino en caso contrario.

- *Devoción a la Eucaristía.* En su libro de 2003 *Dios está cerca de nosotros*, el papa Benedicto XVI (en aquel momento cardenal Joseph Ratzinger) subraya que la Eucaristía, en su dimensión comunitaria y personal, es el centro de la Iglesia. Invitando especialmente a los católicos a redescubrir la adoración de la Eucaristía, Benedicto XVI utiliza las palabras de su predecesor, Juan Pablo II, que fueron dirigidas originalmente a sacerdotes, pero que son asombrosamente adecuadas también para los ministros eclesiales laicos:

  Nútrase de [la adoración Eucarística] toda actividad pastoral, sea también alimento para nosotros mismos y para todos los sacerdotes que colaboran con nosotros, y finalmente para todas las comunidades encomendadas a nuestro cuidado. En esta praxis ha de revelarse, casi a cada paso, aquella estrecha relación que hay entre la vitalidad espiritual y apostólica de la Iglesia y la Eucaristía, entendida en su significado profundo y bajo todos los puntos de vista.[81]

- *Un espíritu ecuménico.* Es importante tener una adecuada comprensión del significado del Sacramento del Bautismo, para apreciar la comunión real, pero parcial, que tienen otros cristianos y sus Iglesias y comunidades con la Iglesia Católica. Esta comprensión se ve facilitada en los casos en que las autoridades de la Iglesia han reconocido el Bautismo de otras Iglesias y comunidades. Sobre la base del Bautismo es posible dar un cierto testimonio común, con otros cristianos. La oración con otros cristianos y por la unidad de la Iglesia enriquece a todos los que participan en ella. Las obras de servicio y de promoción de la justicia a menudo se ven fortalecidas cuando son llevadas a cabo por miembros de muchas Iglesias Cristianas.

Métodos para la formación espiritual

- *Oración diaria y prácticas espirituales.* Los programas de formación proporcionan oportunidades para que los ministros eclesiales laicos experimenten una amplia gama de formas de oración, entre las que se encuentran la oración vocal, meditativa y contemplativa, el uso de íconos u otras imágenes religiosas;

y prácticas de oración familiar y de espiritualidad doméstica. También deben dar expresión a la rica gama de prácticas de oración de distintos grupos étnicos o culturales, y a las devociones populares presentes entre los participantes del programa o en diócesis o regiones del país. Los retiros y días de reflexión son un componente esencial de todos los programas de formación para el ministerio. El establecimiento de metas y las evaluaciones pueden ser parte de estas experiencias.

- *Dirección espiritual.* La dirección espiritual habitual o durante la formación es necesaria para los que sirven en la Iglesia. Los ministros eclesiales laicos deben tener cada vez mayor conciencia del movimiento de gracia en sus vidas y del llamado de santidad. Los programas de formación deben asistir a los participantes para que hagan uso de esta valiosa, aunque no esencial, disciplina espiritual, ayudándolos a identificar directores espirituales competentes.
- *Compartir la fe y la reflexión teológica.* Compartir la fe entre los participantes del programa brinda apoyo y aliento mutuo, y crea vínculos comunitarios. La reflexión teológica, que es más sistemática y abarcadora, examina la experiencia a la luz de la fe, de la cultura y de la doctrina de la Iglesia, y ayuda a los participantes a reconocer el movimiento de Dios en sus vidas y en el ministerio.
- *La práctica de la justicia y de la caridad.* Cuando los participantes del programa de formación llevan a cabo obras corporales o espirituales de misericordia y actúan en pro de la justicia, cumplen con la orden del Señor de profundizar su crecimiento espiritual. La oración y la reflexión antes y después de tales actividades, realzan aún más ese crecimiento.
- *Estudiar las vidas de los santos.* Celebrar el ciclo santoral del año litúrgico, aprender acerca de las vidas de los santos, y orar a ellos revelará la naturaleza y el patrón del carácter cristiano adecuadamente formado.

Formación intelectual

OBJETIVO: *La formación intelectual procura desarrollar la comprensión y apreciación del ministro eclesial laico de la fe católica, que está arraigada en la revelación de Dios y encarnada en la tradición viviente de la Iglesia. Consiste, principalmente, en el estudio de las ciencias sagradas pero se nutre también de una amplia gama de disciplinas: de la filosofía, la literatura y el arte, la psicología, la sociología, la orientación psicológica, la ética médica, el estudio de la cultura y la lengua, la administración de empresas, el liderazgo y el desarrollo organizativo, el derecho, etcétera. Aunque las ciencias sagradas son el punto central, reconocemos el valor de estas otras disciplinas y alentamos su estudio y su utilización siempre que sea relevante para un ministerio eficaz.*[82]

Consideraciones preliminares

Teología para el ministerio

La formación para el ministerio eclesial laico es un camino que lleva más allá de la catequesis para entrar en los estudios teológicos. Una tarea importante en la formación para el ministerio es proporcionar un estudio más completo y sistemático de los puntos esenciales de la fe. Los individuos que se preparan para el ministerio deben tener un sólido conocimiento del Catecismo de la Iglesia Católica y del Catecismo Católico para Adultos de Estados Unidos.[83] Algunos laicos pueden carecer de suficiente formación catequética para realizar estudios teológicos. Para ellos, la formación para el ministerio eclesial laico servirá también como una catequesis verdaderamente profunda y minuciosa, que proporcionará un estudio más completo y sistemático de los aspectos esenciales de la fe. Los programas de formación para el ministerio deben cumplir esta importante tarea.

Sin embargo, los ministros eclesiales laicos necesitan algo más que una minuciosa formación en la fe adulta; necesitan estudios teológicos apropiados que se basen en el trabajo de la catequesis, pero vayan más allá de éste. Los que se embarcan en la formación, ya sea en programas para la obtención de grados académicos o en programas diocesanos de certificación, deben comprender esta necesidad, reconocer sus beneficios y estar abiertos a las exigencias que dicho estudio les impondrá.

El estudio teológico de la fe emplea principios y métodos propios de las diversas ramas de la investigación y de los conocimientos teológicos. Va más allá de los aspectos básicos, para explorar desarrollos actuales y las cuestiones que estos desarrollos suscitan. Cuestiona y explora la fe y sus expresiones teológicas. También descubre tesoros en la Tradición e ilumina la doctrina de la Iglesia al establecer conexiones dentro y más allá de la disciplina de la teología.

La teología ahonda en la fe de la Iglesia en forma académica, interpretándola de acuerdo con el testimonio de las Escrituras y de la Tradición, y haciéndola comprensible para la época. Una teología católica auténtica se lleva a cabo siempre dentro de la Iglesia. Las personas que son nuevas en el estudio teológico sistemático de este tipo pueden encontrarlo difícil. Los formadores deben ayudarlos a apreciar la validez, el alcance, los límites y el valor de dicho estudio y a aprender a crecer a partir de él, como una respuesta al llamado de Dios a una madurez cristiana.[84]

Los ministros eclesiales laicos participan en estudios teológicos para ampliar y profundizar la fe, y para practicar un ministerio más sólidamente fundamentado e informado. En la medida de lo posible, debe hacerse accesible a los que participan en la formación, de acuerdo con su capacidad y estilos de aprendizaje, el alcance, la profundidad, la disciplina y el vigor de la teología católica, pasada y presente, tal como se la comprende en su contexto histórico y cultural. De esta manera, se puede fortalecer su fe, su espiritualidad y su práctica pastoral para que se conviertan en ministros pastorales con una buena formación teológica con conocimiento de la amplitud de la doctrina de la Iglesia y de la diversa tradición teológica, y capaces de acceder y utilizar estos recursos para satisfacer las necesidades del ministerio actual.

Dimensión ecuménica e interreligiosa

La dimensión ecuménica y entre los diversos credos es particularmente importante a medida que nuestra sociedad se vuelve más pluralista y más secularizada. Para los católicos, el diálogo, tanto ecuménico como interreligioso, constituye una dimensión inherente a la evangelización. Ello no significa, por supuesto, que el diálogo sea un medio de proselitismo. Con otros cristianos, es una manera de prepararse para brindar un testimonio común de Cristo en el mundo, y de eliminar obstáculos para la unidad plena y visible de la Iglesia por la que Cristo oró.[85]

Los ministros eclesiales laicos, bajo el liderazgo del obispo de su diócesis, tienen la función de implementar el compromiso de la Iglesia Católica con la restauración de la unidad entre los cristianos. Por lo tanto, deben conocer bien los principios católicos del ecumenismo, tal como han sido presentados en el Decreto sobre el ecumenismo (Unitatis Redintegratio) del Concilio Vaticano II, en el Directorio para la aplicación de los principios y normas sobre el ecumenismo[86] del Consejo Pontificio para Promover la Unidad Cristiana, y en la encíclica del papa Juan Pablo II Que sean uno (Ut Unum Sint). También los ayudarán las recomendaciones y directrices expuestas en el documento de estudio Formación ecuménica de trabajadores pastorales,[87] preparado por el Consejo Pontificio para la Unidad Cristiana. Ese documento de estudio identifica tres elementos claves en esta dimensión ecuménica:

- *Hermenéutica.* Este elemento supone el aprendizaje de "cómo distinguir entre el 'depósito de la fe' y la forma en que estas verdades son formuladas", de manera tal que se pueda "determinar si las diversas formulaciones teológicas son complementarias en lugar de contradictorias".[88]

- *La jerarquía de las verdades.*[89] Este concepto, articulado en el Concilio Vaticano II y desarrollado más a fondo posteriormente, ayuda a los católicos a comprender la fe en su estructura y relaciones apropiadas, a presentar la fe a los demás en su adecuada proporción y equilibrio, y a comparar con inteligencia la doctrina católica y las no católicas.
- *Los frutos de los diálogos ecuménicos.* Las declaraciones conjuntas que han sido formuladas y aceptadas por las respectivas Iglesias han expresado el terreno común que compartimos con otras Iglesias y comunidades eclesiales, los puntos de desacuerdo existentes, y el progreso hacia una mejor comprensión mutua.

Además de comprender la tradición de nuestras hermanas y hermanos cristianos, los ministros eclesiales laicos necesitan también comprender y apreciar las otras religiones, presentes en todo el mundo y cada vez más en nuestra propia sociedad, incluyendo el Judaísmo y el Islamismo, pero sin limitarse a ellos. La formación católica establece una clara distinción entre el diálogo ecuménico que tiene como objetivo la plena comunión eclesial, y el importante diálogo entre religiones que tiene como objetivo el respeto mutuo, la colaboración y la paz.

Elementos de la formación intelectual

La formación intelectual debe ser tan amplia y profunda como sea posible, exponiendo a los participantes a la vasta gama de temas que constituyen la teología católica. Debe ser equilibrada y estar integrada para formar "una unidad coherente y discernible".[90] La Comisión de Acreditación y Certificación de la USCCB ha proporcionado una orientación para los programas de formación para el ministerio, en este aspecto.[91] Los siguientes son elementos básicos que deben incluirse, en diversa medida, en todos los programas.

- *La Escritura y su interpretación.* Este elemento incluye el contexto histórico y social de las escrituras bíblicas, el reconocimiento del género literario, y la tradición exegética católica de los Padres de la Iglesia y los comentarios medievales.
- *Teología dogmática.* En ella se incluye la Trinidad, la Cristología, la eclesiología, la antropología cristiana y la escatología.
- *Historia de la Iglesia.*
- *Teología litúrgica y sacramental.*
- *Teología moral y doctrina social católica.*

- *Teología pastoral.* Esta dimensión busca principios rectores para la práctica del ministerio en un contexto determinado.
- *Espiritualidad.* La formación intelectual espiritual incluye la historia de la experiencia religiosa cristiana y los diversos tipos de espiritualidad.
- *Derecho canónico.* El estudio del derecho canónico debe cubrir en particular aquellos elementos pertinentes a las vidas de los fieles, tales como sus responsabilidades y derechos canónicos, la vida sacramental de la Iglesia y las estructuras diocesanas y parroquiales.

Métodos para la formación intelectual

Los estudiantes adultos necesitan una variedad de métodos de aprendizaje que logren su máxima participación y utilicen la experiencia de los participantes. Entre dichos métodos pueden utilizarse los grupos pequeños, las clases magistrales, las discusiones, la investigación independiente, los proyectos de aprendizaje guiados, la reflexión teológica sobre la experiencia de campo, y el uso de la tecnología (por ejemplo, teleconferencias, aprendizaje a distancia, etc.)

Formación pastoral

OBJETIVO: *La formación pastoral cultiva los conocimientos, actitudes y aptitudes que atañen directamente a un funcionamiento eficaz en el área ministerial particular, y que atañen también a la administración pastoral que respalda al ministerio directo.*

Elementos de la formación pastoral

- *Métodos para brindar formación a los demás.* Este elemento puede incluirse durante el proceso de la formación humana, espiritual e intelectual de los ministros eclesiales laicos, o puede también abordarse como un componente separado dentro de los "métodos" de la formación pastoral específica de dichos ministros.
- *Conducción de la oración comunitaria y predicación.* Los ministros eclesiales laicos deben estar preparados para conducir la oración comunitaria en situaciones formales e informales, para ayudar a los demás a participar y a compartir la conducción de la oración, y para cultivar la colaboración y la oración ecuménica. Deben conocer las normas de la Iglesia y los ritos de la Santa Comunión y la Adoración de la Eucaristía fuera de la Misa y de las celebra-

ciones dominicales en ausencia de presbítero.[92] En los lugares y ocasiones en que se permite que los laicos prediquen según la ley universal y la legislación complementaria de la USCCB, debería animárseles a que desarrollen aptitudes para la prédica.[93]

- *Aptitudes para el ministerio pastoral.* En este conjunto de aptitudes encontramos la evangelización; la promoción y organización de las acciones en pro de la justicia; la pastoral juvenil; la supervisión o preparación de los demás para catequizar a adultos, jóvenes o niños; la presencia pastoral y el cuidado de los enfermos y agonizantes, llamando a un sacerdote para los sacramentos de la Penitencia y de la Unción de los enfermos; y el reconocimiento y la denuncia de las señales de abuso.
- *Misión y perspectiva de la familia.* La visión de la Iglesia en lo referente al papel y la misión de la familia cristiana, el significado de la vida y el amor matrimoniales, y el llamado a una paternidad responsable deben servir de guía para los ministros eclesiales laicos. Esta visión los ayuda a prestar atención a los factores sociales que afectan la vida familiar, las diversas formas contemporáneas de configuración familiar, y la importancia particular de la familia en diferentes comunidades culturales.
- *Aptitudes para establecer una comunicación y relaciones eficaces.* Escuchar a los demás con habilidad, comprensión y compasión es un aspecto esencial para el ministro eclesial laico. Igualmente fundamental es la capacidad de hablar a los demás: mano a mano, en grupos pequeños o en grupos grandes, con integrantes de la Iglesia, y con no católicos y no cristianos. Los ministros eclesiales laicos necesitan también relacionarse eficazmente con aquellos a los que sirven, con sus compañeros (sus pares o aquellos a los que supervisan), y con sus supervisores. También necesitan reconocer y respetar los diferentes estilos culturales de comunicación.
- *Colaboración.* Reafirmamos nuestra declaración en Llamados y dotados para el Tercer Milenio de que "el ministerio pastoral de la Iglesia puede ser más efectivo si nos hacemos verdaderos colaboradores".[94] Conociendo los desafíos presentes, llamamos tanto a ministros laicos como ordenados a aprender a colaborar, a valorar los beneficios que la colaboración trae al ministerio y a la vida de la Iglesia, y a comprometerse a practicarla en los lugares donde ejercen su ministerio.
- *Discernimiento de los signos de los tiempos.* Los ministros eclesiales laicos deben estudiar y conocer la situación social, económica, política y cultural actual;

deben reflexionar acerca de ellas a la luz de su formación doctrinal y espiritual, y ayudar a los fieles a hacer lo mismo. Dicho discernimiento busca vislumbrar la acción del Espíritu en el mundo e identificar resistencias al proceso de atraer a todos hacia Jesucristo, el Alfa y el Omega.

- *Discernimiento de los dones y coordinación del ministerio de los voluntarios.* Los ministros eclesiales laicos deben ayudar a los fieles a discernir sus dones y carismas, a afirmar esos dones y a alimentar su llamado a un servicio generoso. Las aptitudes seculares para la dirección de voluntarios pueden asistir a los ministros eclesiales a promover el llamado bautismal y el ministerio de todos los bautizados. El reciente declive en el número de voluntarios disponibles en la sociedad en general ejerce presión adicional sobre las organizaciones de la Iglesia para encontrar voluntarios dedicados, preparados y disponibles. Puesto que la Iglesia continuará necesitando un número considerable de voluntarios para llevar a cabo su misión, el personal remunerado (incluyendo a los sacerdotes, religiosos y laicos) necesitará capacitación para dirigir eficazmente a los voluntarios y para desarrollar sistemas de recursos humanos, normas y prácticas, que a menudo son similares a las del resto del personal.
- *Aptitudes para manejar cambios y conflictos.* Los ministros eclesiales laicos necesitan estar preparados para orientar a los demás en períodos de cambio y de conflicto, en forma pastoral y eficaz.
- *Aptitudes básicas de orientación psicológica.* A menos que hayan recibido capacitación como consejeros, los ministros eclesiales laicos no deben asumir ese papel, pero deben poder responder a la gente escuchándola en forma activa y compasiva, ofreciéndole compañía espiritual, una presencia paciente y consejos prudentes, y derivándola a los profesionales adecuados sabiendo qué se necesita en una situación determinada.
- *Estudios de lengua y cultura.* Con el fin de que las diferencias de lengua y de cultura no impidan que alguien reciba el ministerio pastoral de la Iglesia, repetimos lo que dijimos en *Acogiendo al forastero entre nosotros:* "sacerdotes, seminaristas, religiosos y ministros laicos deben ser alentados a aprender un idioma y adquirir conocimientos culturales pertinentes a sus ministerios".[95]
- *Aptitudes para la administración.* Los ministros eclesiales laicos deben adquirir una gama de aptitudes para poder ser buenos administradores: capacidad de planear a corto y largo plazo basada en el análisis sistemático y en la reflexión teológica; capacidad para dirigir al personal y los recursos humanos; administración y desarrollo de un presupuesto, y planificación y conducción de reuniones. De-

ben poder trabajar también con sistemas y estructuras diocesanas y parroquiales.

- *Desarrollo organizativo y de liderazgo*. Los ministros eclesiales laicos deben cultivar cualidades de liderazgo inspiradas en el ejemplo de Jesús, para poder inspirar a los demás y permitir que realicen su llamado bautismal.
- *Derecho civil aplicable*. Los ministros eclesiales laicos necesitan conocimientos del derecho civil tal y como éste se aplica a situaciones ministeriales.
- *Código ético ministerial*. Los ministros eclesiales laicos deben conocer el código ético que se aplica a su ministerio, obedecerlo, y contribuir a su continuo perfeccionamiento.

Métodos para la formación pastoral

El conocimiento, las aptitudes y las actitudes necesarias para el ministerio pastoral pueden enseñarse en el aula tradicional o en seminarios, pero esos componentes no son suficientes. La enseñanza debe ser complementada por la experiencia práctica en situaciones reales y por la reflexión sobre esas experiencias con la ayuda de un mentor. En estas experiencias deben incluirse oportunidades para poner en práctica aptitudes y recibir comentarios sobre dicha práctica, así como también demostraciones, proyectos y simulacros de situaciones.

Integración de los cuatro elementos de la formación

Aunque los cuatro elementos de la formación (humano, espiritual, intelectual y pastoral) han sido considerados separadamente, deben estar integrados para formar una totalidad unificada en la persona del ministro eclesial laico adecuadamente formado. La mejor manera de lograr ese objetivo es integrando esos elementos en el mismo programa de formación.

Puede promoverse dicha integración mediante una práctica pastoral guiada: una experiencia de campo o una práctica que requiera que el alumno ponga en práctica lo que ha aprendido, utilizando conscientemente las cuatro dimensiones de formación en la planificación, implementación y evaluación de un proyecto de servicio ministerial. El papel del mentor o supervisor es esencial en esta instancia, guiando al alumno a reflexionar, comprender y crecer a partir de la experiencia vivida del ministerio.

Una visión compartida del programa de formación —que cultive un sentido común de propósito, de objetivos, de identidad y de espíritu entre todos los formadores del programa, independientemente de la dimensión de formación de la que cada uno de ellos sea responsable— puede contribuir también a la integración exitosa de las cuatro dimensiones en la experiencia del alumno. Ya sea por medio de reuniones de equipo, de materiales escritos del programa, de consultas con el director del programa, o de interacciones sociales y la edificación de relaciones entre los formadores, es importante que todos aquellos que imparten formación conozcan la visión, los principios y los componentes del proceso total de formación, y la manera en que deben ser integrados. De este modo, cada formador puede coordinar su componente con la totalidad.

Finalmente, la práctica del ministerio real es una poderosa ocasión para una formación continua y brinda una valiosa oportunidad para la integración. La reflexión teológica sobre dicha práctica del ministerio hace posible "un proceso general e integral de continua maduración, mediante la profundización, tanto de los diversos aspectos de la formación —humana, espiritual, intelectual y pastoral—, como de su específica orientación vital e íntima, a partir de la caridad pastoral y en relación con ella".[96]

Formación continua

Idealmente, la formación inicial precede al ejercicio de las responsabilidades del ministerio eclesial y lo prepara a uno para dicho ministerio. En la formación continua se prosigue ese proceso de aprendizaje y crecimiento durante todo el tiempo que uno sirve en el ministerio. Para muchos ministros eclesiales laicos que llegan a los programas de formación con una gran experiencia en el ministerio, las líneas entre ambos son borrosas, pero ello no disminuye la importancia de continuar desarrollando todas las áreas de formación.

La formación continua, que fortalece la identidad ministerial así como también realza las aptitudes ministeriales, no es un lujo que hay que perseguir cuando el tiempo y los recursos lo permiten, es, en cambio, una necesidad permanente para todo ministro eclesial, laico u ordenado. Ningún ministro eclesial laico debe sentirse excusado para no tomar parte en ella; el no hacerlo constituye negligencia de una importante responsabilidad ministerial. Por norma, los obispos requieren la formación continua de todos los ministros eclesiales laicos; sus párrocos o supervisores la esperan y alientan; y sus comunidades locales la apoyan. Es útil que las prácticas y normas de personal diocesanas y parroquiales estipulen regularmente tiempo y fondos de asistencia para la formación, siempre que sea posible.

Aunque algunas veces los laicos, los religiosos, los diáconos y los sacerdotes necesitan abordar asuntos exclusivos a sus propios estados de vida y a las implicancias de esos asuntos para el ministerio, las experiencias de formación continua que incluyan a todos los ministros pueden ayudar a establecer relaciones que son clave para la colaboración en el ministerio.

La formación continua puede ocurrir de muchas maneras:

- Conferencias diocesanas, regionales o nacionales y la participación activa en el trabajo de asociaciones ministeriales diocesanas, regionales y nacionales
- Experiencias de inmersión (por ejemplo, en otras culturas)
- Capacitación en cursos académicos adicionales y en el desarrollo de destrezas para un ministerio específico, en persona o vía Internet; lectura personal continua, y lectura de periódicos y publicaciones relacionados con el ministerio
- Reflexión teológica continua sobre la práctica del ministerio
- Talleres, días de renovación, cursos cortos, semanas de estudio o retiros para el personal diocesano o parroquial
- Grupos de apoyo, grupos de estudio o clubes del libro
- Una relación con un mentor y/o director espiritual

Además, enseñar, dirigir talleres y ser mentor para otros son medios de crecimiento continuo para uno mismo, así como también una contribución a la vida ministerial de la Iglesia más amplia. Los años sabáticos para ministros eclesiales laicos que han prestado un servicio prolongado e importante a una iglesia diocesana en particular, reconocen ese servicio y brindan una oportunidad para una formación continua extensa, revigorizando y expandiendo su capacidad de servir en el futuro.

Las necesidades de formación continua de los ministros eclesiales laicos pueden cambiar en el curso de una larga carrera. Los que se inician en el ministerio pueden requerir más consejos y aliento para enfrentar situaciones nuevas, que ponen a prueba sus aptitudes y su llamado. Los más experimentados pueden necesitar una renovación espiritual, si el ministerio se ha vuelto rutinario o si se ha teñido de una cierta fatiga, tedio o hasta cinismo. Los que entran en un área nueva del ministerio, pueden necesitar una revisión de las cuatro dimensiones de la formación en el contexto del nuevo ministerio. Los que se acercan a su jubilación, pueden experimentar un rejuvenecimiento cuando se les pide que sean mentores para los más nuevos.

Agentes de la formación

El Espíritu Santo es el principal agente de la formación: el Espíritu de Jesús, enviado por el Padre, otorgado en el Bautismo, vertido de nuevo en la Confirmación, concediendo dones y carismas personales a cada uno de los fieles, para ser desarrollados y utilizados en el servicio a los otros (véase 1 Co 12:7, 1 Pe 4:10). Cuando los ministros eclesiales laicos cultivan una devoción especial y una apertura completa al Espíritu Santo, el poder de Pentecostés estará vivo en sus corazones y operando en el curso de su ministerio.

El obispo es el principal pastor y maestro de su diócesis, responsable de asegurar que los ministros eclesiales laicos estén bien preparados y sean competentes para llevar a cabo sus papeles y funciones ministeriales. Al escoger cuidadosamente programas que estén de acuerdo con la doctrina de la Iglesia y al aprobar programas de preparación, el obispo establece estándares elevados para lograr la excelencia en el ministerio, con la expectativa de que los ministros eclesiales laicos alcancen dichos estándares y asistiéndoles para que así lo hagan. La comunicación regular entre los representantes diocesanos y aquellas instituciones que preparan ministros eclesiales laicos es particularmente deseable. El obispo también reconoce situaciones especiales en su diócesis, en las que es necesario hacer excepciones. El obispo asegura que las normas diocesanas de personal y las decisiones presupuestarias apoyen los esfuerzos de los ministros eclesiales laicos para alcanzar estos estándares. Él brinda testimonio de estos valores con el ejemplo personal de su propia formación continua para su ministerio, y su dedicación a una vida santa. Trabaja persistentemente de todas estas maneras para edificar la vida de la diócesis, fortaleciendo la calidad de sus ministerios y la competencia de sus ministros.

Los párrocos y demás supervisores deben considerar a los ministros eclesiales laicos como valiosos compañeros de trabajo en el ministerio. Deben permitir, alentar y apoyar su formación inicial y continua, para el ministerio. Los párrocos deben poder recurrir a su obispo y al personal de éste (en la formación para el ministerio, recursos humanos, administración, desarrollo y otros oficios diocesanos) para obtener asesoramiento y asistencia para dichos esfuerzos.

Debe ayudarse a la comunidad local donde sirven los ministros eclesiales laicos para que ésta reconozca el valor de su ministerio y para alentarla a brindar apoyo personal y financiero. Los feligreses pueden brindar apoyo personal mediante el reconocimiento y la afirmación del ministerio que proporcionan los ministros eclesiales laicos; y pueden proporcionar apoyo financiero mediante contribuciones a la parroquia, que posibiliten una compensación justa para el personal pastoral, asistencia financiera para la formación, y compensación posterior, acorde con la mayor competencia adquirida durante la formación.

Los administradores de los programas diocesanos de formación son responsables de la creación del programa de estudios, de reclutar a los formadores, de la asistencia financiera y de otras tareas que posibilitan programas de formación accesibles de alta calidad. En universidades y seminarios esas responsabilidades a menudo han sido ampliamente distribuidas. Es particularmente útil, en diócesis pequeñas y rurales, colaborar mutuamente y con instituciones para desarrollar recursos que proporcionen una formación excelente.

Los mismos formadores son responsables de diseñar e implementar experiencias de aprendizaje, mediante las cuales los participantes en el programa adquirirán el conocimiento, la preparación y el espíritu necesarios para el ministerio. Los formadores deben poseer credenciales académicas apropiadas, en el nivel del doctorado o, por lo menos, de maestría, y necesitan demostrar una competencia probada en su disciplina de estudio. Los católicos que enseñan temas teológicos deben, como otros católicos, "vivir vidas de fe dentro de la comunidad y en fidelidad con la autoridad doctrinal de la Iglesia".[97] "Los católicos que enseñan disciplinas teológicas en una universidad católica deben tener un mandatum concedido por una autoridad eclesiástica competente".[98] La experiencia personal en el ministerio de la Iglesia es útil. También es deseable la excelencia pedagógica.

Toda formación es, en última instancia, autoformación,[99] y los mismos ministros eclesiales laicos son los agentes fundamentales de su propia formación. Les llamamos a que cultiven en sí mismos una sed profunda y poderosa de formación, el deseo de aprender y crecer, y de servir al Señor con excelencia y generosidad.

C. Autorización para el ministerio eclesial laico

Aunque todos los miembros entre los fieles cristianos laicos trabajan para fomentar la misión de la Iglesia, se les confía a algunos de ellos ciertos oficios y funciones relacionados con el ministerio de los ordenados. Los hombres y mujeres laicos a quienes se les otorgan estas responsabilidades, no sólo se distinguen por dones particulares y un deseo de servir a la Iglesia —estas cualidades podrían aplicarse a todos los laicos— sino que están respondiendo también a un llamado a trabajar en una mayor colaboración con los ministros ordenados. Las autoridades eclesiales los autorizan a llevar a cabo ciertas responsabilidades ministeriales en los servicios públicos de la iglesia local.

Este capítulo se concentra en esos ministros eclesiales laicos, que ejercen su ministerio dentro de las comunidades parroquiales. Sin embargo, las estrategias y principios sugeridos aquí, pueden considerarse también por su relevancia en otras situaciones en que sirvan los ministros eclesiales laicos.

La autorización es el proceso por el cual una autoridad competente de la Iglesia asigna tareas de responsabilidad a hombres y mujeres laicos adecuadamente preparados. En este proceso se encuentran los siguientes elementos: el reconocimiento de la competencia de un individuo para una función ministerial específica (a menudo llamado "certificación"); el nombramiento de un individuo en un puesto específico (en algunas diócesis se le llama "comisión"), junto con una guía sobre las obligaciones, responsabilidades y autoridad de ese cargo (y la extensión temporal del mismo, si está especificada); y finalmente un anuncio del nombramiento a la comunidad que será servida por el ministro eclesial laico.

El proceso de autorización, puesto que incluye una confirmación pública del llamado al ministerio eclesial laico, puede ser considerado como el resultado final del discernimiento personal y eclesial, que se examinó previamente en este documento.

Dadas las diversas circunstancias de cada diócesis —sus necesidades pastorales, y recursos educativos y financieros—, es importante que el obispo diocesano sea responsable de determinar si una autorización debe o no tener lugar en su diócesis, y en caso de que lo haga, la manera en que tendrá lugar, respetando el derecho canónico. Cuando una autorización tal tiene lugar, es importante recalcar la dimensión espiritual en el proceso.

El papel del obispo en la autorización de los ministros eclesiales laicos

El obispo diocesano, al que se le ha confiado el cuidado pastoral de todos los miembros de su diócesis, supervisa todas las tareas catequéticas (CDC, canon 386), litúrgicas (canon 387) y apostólicas (canon 394) llevadas a cabo en la diócesis, y goza de la autoridad necesaria para cumplir con estas responsabilidades (canon 381).[100] En tal capacidad, el obispo asegura la idoneidad de los candidatos para asumir funciones que son esenciales para el cuidado apropiado de las almas. Puede hacerlo de manera directa (por ejemplo, el oficio de párroco [canon 524] o mediante terceros (por ejemplo, maestros de religión [canon 805]).

Así como el obispo diocesano supervisa la preparación de sacerdotes y diáconos de la diócesis, también vigila la preparación adecuada del creciente número de fieles laicos que sirven en la Iglesia. Esta supervisión implica prestar atención a la selección de los que van a servir y a su adecuada preparación. Su autorización demuestra a la comunidad en la que ellos sirven, que el trabajo que están realizando cuenta con la confianza y el respaldo del obispo.

El papel del párroco en el proceso de autorización

El obispo diocesano confía al presbítero de una parroquia la responsabilidad de proporcionar cuidado pastoral a todos los miembros de la parroquia, bajo la autoridad del obispo diocesano, y con la cooperación de otros sacerdotes y diáconos, y la asistencia de los laicos (CIC, canon 519). Incluso los vicarios parroquiales, que son nombrados por el obispo para asistir en el cuidado pastoral de una parroquia, y cuyos derechos y obligaciones están establecidos por la ley universal y particular, trabajan dentro de la estructura del ministerio establecida por el párroco (cánones 545, 548). El párroco, por lo tanto, tiene amplia libertad para organizar los recursos de la parroquia, a fin de satisfacer las necesidades pastorales de la gente.

El respaldo del párroco se considera esencial para el éxito del ministerio eclesial laico dentro de las comunidades parroquiales.[101] Ese hecho sugiere que, aunque el obispo diocesano pueda supervisar el proceso de autorización, el papel singular del párroco en la selección de los que servirán en el equipo pastoral debe ser reconocido

Funciones específicas cubiertas por el proceso de autorización

Una diócesis debe identificar primero esas funciones que, a juicio del obispo diocesano, son tan esenciales para la colaboración en el cuidado pastoral de los fieles, que se necesitan normas diocesanas para asegurar que los encargados de ellas cuenten con la educación, formación, experiencia y reconocimiento eclesial apropiados para satisfacer las necesidades de la comunidad. Este hecho es cierto, independientemente de si el ministro eclesial laico es un miembro del personal remunerado o es un voluntario. La naturaleza de las responsabilidades ministeriales es lo que determina la importancia de la autorización, no el hecho de que el ministro eclesial laico reciba o no un salario.

La certificación de los candidatos para puestos en el ministerio eclesial laico

Para asegurar la calidad del cuidado pastoral proporcionado por ministros eclesiales laicos, es necesario un proceso que establezca si un candidato determinado tiene la educación, formación, y capacidad profesional necesarias para servir en una función particular. Ello implica el establecimiento de requisitos de educación, formación y experiencia para funciones ministeriales específicas y la evaluación de la medida en que los candidatos cumplen con dichos requisitos. Los requisitos pueden variar de una diócesis a otra, pero es necesario verificar de alguna manera la competencia de los que sirven en ella.

El obispo diocesano tiene varias opciones para determinar los requisitos de certificación. Pueden encontrarse algunos ejemplos para funciones ministeriales específicas, en los estándares de certificación establecidos por las asociaciones nacionales, que sirven a ministros laicos en general o a subgrupos divididos según funciones específicas, y aprobados por la Comisión de Certificación y Acreditación de la USCCB.[102] Entre los criterios que la diócesis puede utilizar para determinar el grado de flexibilidad de esos requisitos, encontramos la disponibilidad en la diócesis, o en la región, de programas de formación; los recursos financieros y de personal de la diócesis; el tamaño y la ubicación de la diócesis, y las cambiantes necesidades pastorales. En todas las situaciones, los requisitos deben estar claramente establecidos y a disposición de los interesados en prepararse para el ministerio eclesial laico, y de los que dirigen los programas ya existentes.

La diócesis puede establecer un programa que los candidatos deban cumplir antes de su consideración para el servicio dentro de la diócesis. Algunos programas de formación han buscado y recibido la acreditación de la Comisión de Certificación y Acreditación de la USCCB.[103] Como alternativa, se puede crear una lista de programas aceptables, que satisfagan los requisitos diocesanos y que proporcionen múltiples opciones de horarios y lugares donde se dicten las clases.

La certificación de un individuo para un cargo específico puede completarse en dos momentos del proceso de autorización. Las calificaciones de un candidato determinado pueden examinarse en el momento en que éste vaya a ser considerado para un cargo específico. Como alternativa, algunas diócesis establecen una lista de personas que han presentado sus credenciales y se las juzga calificadas para varios cargos; las parroquias pueden dar prioridad, o restringir, la consideración de dichas personas.

Siempre que sea posible, las provincias o regiones pueden crear estándares y procedimientos de certificación coherentes, para que los ministros eclesiales laicos puedan transferirse de una a otra diócesis con la aprobación del obispo que envía y del obispo que recibe al ministro laico.

El nombramiento de los ministros eclesiales laicos

El nombramiento de una persona en un cargo específico debe realizarse por escrito (requerido para los oficios eclesiales [CIC, canon 156]) y debe incluir los derechos y obligaciones adscritos a ese cargo u oficio, todo límite sobre el ejercicio de esa autoridad (por ejemplo, revisiones de presupuesto, permiso anterior para ciertas acciones), normas relevantes de empleo y de personal, cualquier limitación del período del nombramiento, y —quizás lo más importante— toda delegación especial para realizar funciones propias de los ordenados (por ejemplo, bautizar fuera de emergencias [canon 861 §2] y ser testigo del consentimiento matrimonial [canon 1112 §1]).[104] Debe consultarse a un asesor legal con respecto a la redacción de contratos escritos y/o todo período de nombramiento propuesto.

La utilización de la terminología del derecho canónico puede fomentar la coherencia dentro de las prácticas diocesanas. Por ejemplo, la palabra "encomendar" se utiliza generalmente para los que tienen un oficio en el que hay gran discreción en lo referente a programas y métodos específicos; por ejemplo, se le encomienda una diócesis a un obispo (CIC, canon 369), o el cuidado pastoral en una parroquia puede ser encomendado a un único párroco (canon 515), a varios sacerdotes in solidum (canon 517 §1), o a un instituto religioso (canon

520); o participación en este cuidado puede ser encomendada a diáconos y laicos (cánones 517 §2).

Varios términos se refieren a la asignación de un oficio eclesiástico, definido en la ley como un cargo constituido establemente para un fin espiritual (véase CIC, canon 145). La ley expresa que una autoridad competente confiere un oficio (canon 147), que se hace una provisión canónica para un oficio (cánones 146, 147), y que se establece el nombramiento de una persona a un oficio determinado (por ejemplo, los cancilleres [canon 482], los jueces de tribunales [canon 1421], etcétera). Las obligaciones y derechos inherentes a un oficio específico están determinados por el mismo oficio y cesan con la pérdida de dicho oficio.

Puesto que no todo ministerio dentro de la Iglesia se ha constituido como un oficio eclesiástico, se recomienda cautela antes de establecer ministerios eclesiales laicos de esta manera. Los que desempeñan oficios eclesiásticos gozan de una cierta estabilidad en dicho oficio. Los obispos pueden considerar, en cambio, la prescripción de períodos de servicio para el ejercicio de ciertas responsabilidades dentro de la Iglesia. La especificación de un período de servicio (que, por supuesto, puede renovarse) proporciona también flexibilidad para que un obispo o un párroco recientemente nombrados realicen nombramientos importantes de personal después de un período de transición.

Se utiliza generalmente el término "mandato" cuando se nombra a alguien para una instancia específica: por ejemplo, para actuar como abogado de una parte en un asunto judicial (canon 1484), o cuando una persona ha recibido una responsabilidad relativa a un oficio que esa persona no desempeña (el canon 142 se refiere a la cesación de la potestad delegada cuando un mandato específico ha sido cumplido). La "delegación" se refiere, en general, a una situación en la que una persona que tiene un poder ejecutivo ordinario en virtud de un oficio, permite que otra persona ejerza ese poder en situaciones generales o específicas.

El obispo puede reservarse los derechos de revisión de las credenciales de un candidato, o de conocer a un candidato antes de que se realice el nombramiento. Puede, sin embargo, conceder a la persona que tenga la responsabilidad general del cuidado pastoral —por ejemplo, un párroco en un ministerio parroquial— la autoridad necesaria para nombrar a alguien como ministro eclesial laico.

Los medios utilizados para anunciar un nombramiento al ministerio eclesial laico pueden seguir los procedimientos utilizados para anunciar otros cambios de personal similares dentro de la diócesis. En la mayoría de las circunstancias, la publicación del nombramiento en el periódico diocesano, en un boletín clerical, o en el boletín de la parroquia puede ser suficiente, en la medida en que ese anuncio consista en una declaración clara de la función, responsabilidades y autoridad del nuevo ministro eclesial laico.

Bendiciones y rituales en el proceso de autorización

En determinado momento del proceso de autorización, la oración y el ritual público pueden ser importantes para el ministro eclesial laico y para la comunidad, destacando las nuevas relaciones que el individuo está iniciando en la vida de la comunidad. Ya existen modelos para ello en la ceremonia de comisionado de los catequistas, requerida en el Directorio Nacional para la Catequesis.[105] El reconocimiento de los que han cumplido con los requisitos de certificación para el ministerio eclesial laico, se lleva a cabo, a menudo, en el contexto de una liturgia especial.

Una ceremonia pública o la liturgia para conferir un oficio enfatiza la relación de un obispo diocesano con el ministro eclesial laico y la comunidad a la que éste va a servir. En particular, son importantes los rituales públicos cuando se encomienda la participación en el cuidado pastoral de la parroquia a diáconos, religiosos o laicos (conforme al canon 517 §2). Cualquiera que sea el rito utilizado para esta última situación, debe quedar en claro que la persona nombrada no es un substituto del sacerdote que dirige el cuidado pastoral de la parroquia, ni tampoco debe darse la impresión de que el rito en sí es el que confiere el nombramiento.

Para los ministros eclesiales laicos que sirven en parroquias en otras funciones que no figuran en CIC, canon 517 §2 (véase más arriba), la utilización del ritual para presentar al ministro eclesial laico a la comunidad, puede subrayar la importancia de la función de esta persona en la vida de la comunidad y proporcionar una oportunidad para que el ministro eclesial laico y la comunidad oren conjuntamente. Puesto que la Iglesia valora profundamente las bendiciones rituales y la oración comunal, dicha celebración puede instruir a la comunidad y fortalecer, al mismo tiempo, al ministro eclesial laico. La Parte VI del Libro de Bendiciones presenta varios órdenes para bendiciones que pueden utilizarse o adaptarse para satisfacer las necesidades particulares de la parroquia o diócesis.

Consideraciones adicionales

Establecer un proceso formal para la autorización de fieles laicos en puestos clave del ministerio eclesial laico puede suponer una mayor garantía para el obispo diocesano de que las necesidades espirituales de la porción del Pueblo de Dios que ha sido encomendado a su cuidado, se vean satisfechas. Ese proceso será diferente entre las diversas diócesis, dependiendo de la disponibilidad de los programas de formación y de la necesidad de proporcionar oportunidades ministeriales a comunidades inmigrantes o itinerantes, o para aquellas ubicadas en áreas de menos recursos dentro de la diócesis. Todo proceso de certificación de las calificaciones de los candidatos debe incluir una estipulación, para aceptar la experiencia en lugar de cursos, para aquellos cuyo servicio se remonta a un momento anterior en el que no había requisitos de educación y formación. También debe haber una estipulación para evaluar y reconocer credenciales académicas y experiencia ministerial adquirida fuera de Estados Unidos. Además, se necesita flexibilidad para que los voluntarios que tienen experiencia en la parroquia, y las cualidades personales y profesionales necesarias en el ministerio, no queden excluidos de toda consideración para estos cargos ministeriales, especialmente en parroquias sin recursos para contratar personal profesional.

Y, lo que es más importante, el proceso de autorización puede brindar ocasiones para que el obispo demuestre su apoyo a los ministros eclesiales laicos de su diócesis y para ejemplificar la colaboración con ellos, como sus compañeros de trabajo laicos.

D. El lugar de trabajo ministerial

Contexto

La diversidad en nuestras diócesis es particularmente relevante en las cuestiones relacionadas con el lugar de trabajo. Reconocemos que muchas diócesis tienen departamentos de recursos humanos muy bien desarrollados, mientras que otras están en las etapas iniciales de la creación de normas. También reconocemos que no todos los empleados de una diócesis o de una parroquia quieren ser, o son considerados de hecho, ministros eclesiales laicos. Las siguientes ideas deben ser evaluadas por las diócesis particulares a la luz de sus propias circunstancias. No es nuestra intención que estos comentarios sean obligatorios o normativos.

Estamos agradecidos por el hecho de que grandes números de laicos han respondido al llamado del ministerio eclesial. Sin ellos el trabajo de la Iglesia se vería seriamente disminuido. Los ministros eclesiales laicos —y en verdad todos los empleados y voluntarios laicos de la Iglesia— funcionan en un lugar de trabajo, que comparte tanto las características de una comunidad de fe de colaboradores, tal como la describe San Pablo, como las características de una organización moderna. Por lo tanto, en el lugar de trabajo ministerial, se encuentra el reto especial de establecer normas y prácticas que integren los valores del Evangelio y las mejores prácticas organizativas. Esta aseveración es particularmente cierta en lo que respecta a la dirección de los recursos humanos.

Las mejores prácticas organizativas son coherentes con los valores del Evangelio. Equilibran los objetivos y las necesidades de la organización, de sus trabajadores y de la comunidad en la que está ubicada. Implican el respeto por las personas, la justicia, la integridad, el uso eficiente de recursos, el cumplimiento exitoso de la misión y los objetivos, y un entorno en el que trabajadores dedicados y competentes sean tratados en forma justa. Además, el Código de Derecho Canónico, particularmente en su tratamiento de los recursos temporales y humanos, brinda fórmulas que deben implementarse para la mejor práctica organizativa en un contexto eclesial (véase CDC, cánones 1273ss.).

La creciente presencia de ministros eclesiales laicos y de otros trabajadores laicos en las instituciones de la Iglesia, ha dado lugar a que algunas diócesis hayan creado sistemas globales de personal, con resultados beneficiosos. Un sistema tal "incluye tanto la variedad de personas que sirven en la Iglesia (laicos, hermanas, hermanos, diáconos, sacerdotes) como la gama de funciones del personal".[106]

Además, "la globalidad no pretende aplicar las mismas normas para todos los grupos, sino crear normas coherentes, que provengan de la misma posición filosófica básica, que tengan en consideración las necesidades de todos . . . los grupos, y en verdad los intereses de toda la Iglesia".[107]

Algunas áreas de recursos humanos en un sistema global de personal

En un sistema global de recursos humanos se distinguen, típicamente, seis áreas de recursos humanos. Estas áreas, que destacamos aquí, tienen particular importancia para los ministros eclesiales laicos que se ganan la vida en la Iglesia.

Como las sugerencias que presentamos en secciones previas de este documento, las siguientes ideas deben ser evaluadas por cada diócesis en particular, a la luz de sus propias circunstancias.

1. *Reclutamiento y selección*. Esta área frecuentemente examina el valor de anunciar los empleos disponibles, tener descripciones de los cargos por escrito, y, cuando fuere apropiado, utilizar comités de búsqueda compuestos por gente capacitada para realizar entrevistas, que conozca qué preguntas están o no permitidas en las entrevistas, que utilice las referencias cuidadosamente, y que conozca las leyes antidiscriminatorias. En las secciones de "Senderos", "Formación" y "Autorización" de este documento se pueden encontrar otras consideraciones pertinentes a esta función.

2. *Orientación y apoyo a nuevos ministros eclesiales laicos*. En cualquier organización, los individuos nuevos deben comprender la misión de la misma, sus costumbres e historia, y deben conocer a otros trabajadores para brindar sus dones relevantes a la organización. La naturaleza de la orientación variará dependiendo de la experiencia anterior del individuo, el nivel de responsabilidad que asuma y el lugar de trabajo en el que sirva. La orientación puede incluir una introducción a una parroquia particular y a la diócesis.

   Entre el apoyo brindado, hay que incluir adaptaciones razonables realizadas en el lugar de trabajo para ministros eclesiales laicos con discapacidades pero que están capacitados para llevar a cabo su ministerio.

3. *Evaluación y comentarios*. En un sistema global de personal, esta área se refiere a evaluaciones regulares de desempeño, como parte de la práctica en el lugar de trabajo ministerial, que brinden una oportunidad formal para que cada ministro individual reflexione sobre su propio desempeño y obtenga comentarios de su supervisor, entre los cuales pueden incluirse opiniones de colegas y de la gente a la que se sirve. Las evaluaciones y los comentarios son más eficaces, cuando se los conduce en el contexto de la misión de la parroquia o de la diócesis. La documentación de comentarios honestos y constructivos sobre deficiencias y sobre los pasos siguientes para su mejora es importante, así como también el reconocimiento formal e informal de un servicio eficiente, generoso y centrado en Cristo.

4. *Compensación*. Aunque no todos los que trabajan en la Iglesia reciben un salario, todos merecen ser reconocidos y afirmados por su contribución a su misión. Los ministros eclesiales laicos que sirven en puestos remunerados deben tener una compensación justa por su trabajo.[108] La Iglesia tiene una larga historia promoviendo la dignidad del trabajo y el reconocimiento adecuado del servicio de la gente. En un sistema global de personal, esta área incluye planes salariales que establezcan escalas en las que los individuos puedan progresar, así como también planes de beneficios (por ejemplo, seguro médico, permiso de ausencia por cuestiones familiares, asistencia con el cuidado de los niños, financiamiento para la educación continua). Estos asuntos pueden presentar retos especiales cuando los recursos son limitados. Los paquetes de compensación varían de una región geográfica a otra, dependiendo de las finanzas de cada diócesis y del costo de vida en una región determinada.

   Un plan global de personal puede incluir también expectativas que se hayan acordado previamente sobre el tiempo otorgado a un ministerio, asunto particularmente delicado para los ministros eclesiales laicos, ya que gran parte del ministerio se lleva a cabo durante la noche o los fines de semana. Otro asunto importante para los trabajadores laicos es la portabilidad de los beneficios debido a la movilidad de algunos ministros eclesiales laicos. Algunos grupos de diócesis han comenzado a diseñar programas que responden a esa realidad.

5. *Transiciones y ceses*. Cuando un ministro eclesial laico entra al servicio de la Iglesia, se espera a menudo que continúe realizando ese servicio durante

un tiempo.[109] A medida que los párrocos cambian, estos ministros eclesiales laicos pueden brindar apoyo al párroco que se va y también ayudar a orientar al nuevo párroco, y asistirlo a él y a la gente de la parroquia a construir nuevas relaciones. En algunas ocasiones puede ser deseable que el período de un ministro eclesial laico concluya, aunque tenga la opción de ser renovado, cuando el período de oficio del párroco finalice. En toda transición existe la posibilidad de tensiones. La diócesis puede asistir en el proceso de clarificación de expectativas y en la resolución de conflictos. Cuando un ministro eclesial laico es el que está haciendo una transición o finalizando su servicio, prácticas tales como las entrevistas de salida pueden ayudar a la parroquia o a la diócesis a aprender de la experiencia del ministro eclesial laico. La colocación en otro lugar o la indemnización por cese pueden aliviar las tensiones de la transición para el individuo.

6. Procedimientos de resolución de agravios. Esta área a menudo incluye recursos para la resolución de conflictos que —cuando se los utiliza lo suficientemente temprano y cuando están disponibles en el lugar de trabajo de la Iglesia— pueden, frecuentemente, reducir o resolver tensiones que podrían conducir a una partida voluntaria o a un despido.[110] Los procedimientos de resolución de agravios brindan un proceso objetivo para tratar con reclamos de buena fe, presentados por aquellos que piensan que han sido tratados injustamente.

Recursos y resultados

La diócesis, bajo el liderazgo de su obispo, es el principal apoyo para el ministerio pastoral diocesano. La diócesis puede ser también un modelo para las parroquias en cuanto a la administración de recursos humanos. Puesto que la mayoría de las parroquias no tienen recursos adecuados para administrar recursos humanos profesionalmente, buscan en la diócesis una orientación. En algunas instancias las diócesis también carecen de recursos suficientes; sin embargo, también ellas pueden beneficiarse de alguna iniciativa para asistir a las parroquias en esta área.

Otras diócesis tienen recursos significativos que apoyan un sistema global de recursos humanos en toda la diócesis, asegurando, por ejemplo, que cargos parroquiales similares ocupados por ministros eclesiales laicos tengan salarios y beneficios similares. El personal diocesano puede servir como recurso para reclutar personal parroquial y proveer orientación a los nuevos empleados. Pueden ofrecerse sesiones de capacitación periódicas. Las diócesis más grandes y las que brindan respaldo importante en el área de recursos humanos a las parroquias —trabajando en estrecha colaboración con párrocos, con aquellos a los que se les ha encomendado el cuidado pastoral de una parroquia y con los administradores financieros de una parroquia— pueden necesitar varios miembros profesionales y de apoyo entre su personal de recursos humanos.

Cuando no existe un apoyo centralizado en recursos humanos, grupos de parroquias o asociaciones diocesanas de administradores de parroquias responsables de los recursos humanos, pueden proporcionar un importante recurso para el personal de las parroquias. Las conferencias católicas de los estados y las asociaciones estatales o regionales de directores diocesanos de recursos humanos pueden ser útiles para asuntos de capacitación, para compartir ideas y experiencias y para examinar leyes estatales que afecten el lugar de trabajo de la iglesia. En el ámbito nacional, la Asociación Nacional de Administradores de Personal de la Iglesia es un importante recurso, para asistir en la integración de los valores del Evangelio con las mejores prácticas organizativas para la administración de recursos humanos.

Dicha integración puede producir muchos resultados: mejoras en la moral de los ministros eclesiales laicos, ahorro de dinero y tiempo, resolución de las disputas con empleados, evitando así fracturar la comunidad, y el reclutamiento exitoso de ministros eclesiales laicos preparados y dedicados. Y, lo que es más importante, brindarán un modelo en el que el Pueblo de Dios se nutre en su fe y donde la diócesis católica y sus parroquias sean testigos, para la comunidad local, de un lugar de trabajo que integre los valores del Evangelio y las mejores prácticas organizativas.

Conclusión

El mismo Dios que llamó a Prisca y a Aquila para trabajar con Pablo en el primer siglo, llama ahora a miles de hombres y mujeres para servir en nuestra Iglesia en este siglo XXI. Este llamado es causa de gozo. Es también una ocasión para el tipo de planificación que el papa Juan Pablo II recomendó en Novo Millenio Ineunte:

> El programa ya existe. Es el de siempre, recogido por el Evangelio y la Tradición viva. Se centra, en definitiva, en Cristo mismo, al que hay que conocer, amar e imitar, para vivir en él la vida trinitaria y transformar con él la historia hasta su perfeccionamiento en la Jerusalén celeste. Es un programa que no cambia al variar los tiempos y las culturas, aunque tiene cuenta del tiempo y de la cultura para un verdadero diálogo y una comunicación eficaz. Este programa de siempre es el nuestro para el tercer milenio.
>
> Sin embargo, es necesario que el programa formule orientaciones pastorales adecuadas a las condiciones de cada comunidad. El Jubileo nos ha ofrecido la oportunidad extraordinaria de dedicarnos, durante algunos años, a un camino de unidad en toda la Iglesia, un camino de catequesis articulada sobre el tema trinitario y acompañada por objetivos pastorales orientados hacia una fecunda experiencia jubilar. Doy las gracias por la cordial adhesión con la que ha sido acogida la propuesta que hice en la Carta apostólica Tertio millennio adveniente. Sin embargo, ahora ya no estamos ante una meta inmediata, sino ante el mayor y no menos comprometedor horizonte de la pastoral ordinaria. Dentro de las coordenadas universales e irrenunciables, es necesario que el único programa del Evangelio siga introduciéndose en la historia de cada comunidad eclesial, como siempre se ha hecho. En las Iglesias locales es donde se pueden establecer aquellas indicaciones programáticas concretas —objetivos y métodos de trabajo, de formación y valorización de los agentes y la búsqueda de los medios necesarios— que permiten que el anuncio de Cristo llegue a las personas, modele las comunidades e incida profundamente mediante el testimonio de los valores evangélicos en la sociedad y en la cultura.[111]

Colaboradores en la Viña del Señor ha sido concebido como un recurso para ese tipo de planificación. Reconocemos que nuestro documento no aborda todos los temas relacionados con el ministerio eclesial laico, ni anticipa todas las posibilidades para reconocer, desarrollar e integrar los dones que los ministros laicos aportan a nuestra Iglesia. Es necesario que cada diócesis examine su situación específica, y que cada diócesis o región cree planes apropiados.

En el curso de los próximos cinco años será útil volver a examinar el material de este documento y refinarlo a la luz de nuestra experiencia. La preparación de Colaboradores en la Viña del Señor ha indicado ya la necesidad de un estudio más profundo de nuestra teología de la vocación, y algunos han pedido un título común para las personas nombradas bajo el canon 517 §2 del CDC; ambas cosas van más allá del alcance de este documento.

Mientras tanto, abordaremos el desafío de responder al ministerio eclesial laico con la misma energía y creatividad que el Santo Padre pidió en su carta apostólica:

> ¡Caminemos con esperanza! Un nuevo milenio se abre ante la Iglesia como un océano inmenso en el cual hay que aventurarse, contando con la ayuda de Cristo. El Hijo de Dios, que se encarnó hace dos mil años por amor al hombre, realiza también hoy su obra. Hemos de aguzar la vista para verla y, sobre todo, tener un gran corazón para convertirnos nosotros mismos en sus instrumentos.[112]

Tenemos la bendición de contar con colaboradores extremadamente talentosos y generosos en la viña del Señor, a la que todos hemos sido llamados. Continuemos el trabajo juntos como una "comunidad de personas reunidas en Cristo, y guiadas por el Espíritu Santo en [nuestro] peregrinar hacia el reino del Padre, portadoras de un mensaje para toda la humanidad".[113]

NOTAS

1 Concilio Vaticano II *(Lumen Gentium)* (LG), núm. 40, *Documentos del Concilio Vaticano II*. Sitio de la Santa Sede en la internet.

2 Papa Juan Pablo II, *Vocación y misión de los laicos en la Iglesia y en el mundo (Christifideles Laici)* (CL). Sitio de la Santa Sede en la internet.

3 LG, núm. 41.

4 LG, núm. 31.

5 CL, núm. 15.

6 Véase LG, núms. 30, 33, 37.

7 Concilio Vaticano II, *Decreto sobre el apostolado de los laicos (Apostolicam Actuositatem)* (AA), núm. 10. Véase también LG, núm. 33, y Congregación para el Clero et al., *Instrucción sobre algunas cuestiones acerca de la colaboración de los fieles en el sagrado ministerio de los sacerdotes (Ecclesiae de Mysterio)*. Sitio de la Santa Sede en la internet.

8 CL, núm. 23.

9 Paulo VI, *Acerca de la evangelización en el mundo contemporáneo (Evangelii Nuntiandi)* (EN), núm. 73. Véase también 1 Cor 12:11 y LG, núm. 12.

10 Juan Pablo II, *Al concluir el gran jubileo del año 2000 (Novo Millennio Ineunte)* (NMI), núm. 46. Sitio de la Santa Sede en la internet.

11 Véase USCCB, Subcomité para el ministerio laico, *El Ministerio Laico de la Iglesia: El Estado de las Interrogantes* (Washington, DC: USCCB, 2001), 7-8; USCCB, *Llamados y Dotados para el Tercer Milenio* (Washington, DC: USCCB, 1996), 16-17; y USCCB, *Elegidos e Iluminados: Los Laicos Católicos Estadounidenses* (Washington, DC: USCCB, 1981), 3-4.

12 Canon 517 §2: "Si por escasez de sacerdotes, el Obispo diocesano considera que ha de encomendarse una participación en el ejercicio de la curia pastoral de la parroquia a un diácono o a otra persona que no tiene carácter sacerdotal, o a una comunidad, designará a un sacerdote que, dotado de las potestades propias del párroco, dirija la actividad pastoral". *Código de derecho canónico*, (CDC), sitio de la Santa Sede en la internet. No hay un título común que se use en todo Estados Unidos para las personas nombradas bajo este canon. En 2004, se confió la participación del cuidado pastoral de 566 parroquias a diáconos, hermanas y hermanos religiosos, y a otras personas laicas, mientras que en 1993 eso ocurrió en 268 parroquias (CARA *Special Report*, Summer 2005, "Understanding the Ministry and Experience: Parish Life Coordinators in the United States", encomendado por el Emerging Models Project (www.emergingmodels.org).

13 *Ecclesiae de Mysterio*, Disposiciones prácticas, artículos 1, 2.

14 Véase *Ecclesiae de Mysterio*, Disposiciones prácticas, artículos 1, 2.

15 Véase CL, núm. 23.

16 Véase CL, núms. 23-24; véase también AA, núm. 24, para distinciones referidas a la necesidad de que la actividad laica sea reconocida por la jerarquía.

17 Véase *Ecclesiae de Mysterio*, Prólogo.

18 En 1990, las religiosas representaron el 41% de los ministros parroquiales laicos; en 2005, representaron el 16%. Véase David DeLambo, *Lay Parish Ministers: A Study of Emerging Leadership* (New York: National Pastoral Life Center [NPLC], 2005), 45.

19 DeLambo (2005), 88.

20 Los datos sobre el número de miembros han sido proporcionados por la American Catholic Correctional Chaplains Association, Apostleship of the Sea of the United States of America, Catholic Campus Ministry Association, National Association of Catholic Airport Chaplains y National Association of Catholic Chaplains.

21 NMI, núm. 46.

22 *Elegidos e Iluminados: Los Laicos Católicos Estadounidenses*, 7.

23 Por ejemplo, *Missão e Ministérios dos Cristãos Leigos e Leigas*, publicado por la Conferencia Nacional de Obispos de Brasil en 2000, identifica ministerios *reconocidos, confiados e instituidos* que no requieren la ordenación. En 1977 la Conferencia de Obispos Alemanes publicó *Principios para la Reglamentación de los Servicios Pastorales*, donde se identificaban tres ministerios por su nombre: "consejero asistente pastoral" (que ha completado estudios teológicos a nivel universitario), "consejero-asistente de la comunidad" (que ha completado estudios a nivel universitario o de escuela profesional), y "ayudante de la comunidad" (que posee conocimientos generales básicos).

24 *Llamados y Dotados para el Tercer Milenio*, 18.

25 *Llamados y Dotados para el Tercer Milenio*, 18.

26 Comisión Teológica Internacional, *Comunión y servicio: la persona humana creada a la imagen de Dios* (Ciudad del Vaticano, 2004), núm. 65. Sitio de la Santa Sede en la internet.

27 Véase CIC, núm. 2816.

28 LG, núm. 5.

29 Véase LG, núms. 10, 31; AA, núm. 3; Concilio Vaticano II, *Decreto sobre la actividad misionera de la Iglesia (Ad Gentes)* (AG), núm. 36.

30 Véase LG, núms. 10-13, 31.

31 Juan Pablo II, *Sobre la Eucaristía en relación con la Iglesia (Ecclesia de Eucharistia)* (EE), núm. 9. Sitio de la Santa Sede en la internet.

32 Véase Actos 1-2; EN, núm. 75.

33 LG, núm. 12. Véase 1 Cor 12; LG, núm. 7; CL, núm. 21.

34 CL, núm. 24.

35 Juan Pablo II, *Os daré pastores (Pastores dabo vobis)* (PDV), núm. 12. Sitio de la Santa Sede en la internet.

36 Véase CL, núm. 19.

37 LG, núm. 32.

38 Véase NMI, núm. 30

39 CL, núm. 32

40 *Ecclesiae de Mysterio*, Premisa.

41 LG, núm. 20.

42 *Ecclesiae de Mysterio*, Principios teológicos, art. 2.

43 Véase CIC, núm. 1581.

44 Véase LG, núms. 21, 23.

45 Véase Juan Pablo II, *Para que sean uno (Ut Unum Sint)* (UUS), núm. 9. Sitio de la Santa Sede en la internet.

46 Juan Pablo II, *Sobre el Obispo servidor del Evangelio de Jesucristo para la esperanza del mundo (Pastores Gregis)*, núm. 26. Sitio de la Santa Sede en la internet

47 LG, núm. 26

48 *Pastores Gregis*, núm. 44.

49 Véase 1 Tes 5:19-21; LG, núm. 12; AA, núm. 3; Concilio Vaticano II, *Decreto sobre el ministerio pastoral de los obispos (Christus Dominus)* (CD), núm. 17.

50 PDV, núm. 16. Véase CCC, núm. 1547; *Ecclesiae Mysterio*, principios teológicos, arts. 1 y 3.

51 LG, núm. 30. Otra traducción por Flannery (1998, Fourth Printing) dice, "reconocer la contribución y carismas de estos últimos". (Versión del traductor).

52 Véase LG, núm. 10.

53 Congregación para la Educación Católica, *Normas básicas para la formación de los diáconos permanentes* (Washington, DC: USCCB-Librería Editrice Vaticana, 1998), núm. 8.

54 Véase Congregación para el Clero, *Directorio para el ministerio y la vida de los diáconos permanentes* (Washington, DC: USCCB-Librería Editrice Vaticana, 1998), núm. 1

55 Congregación para la Educación Católica, *Normas básicas de la formación de los diáconos permanentes*, núm. 8. Sitio de la Santa Sede en la internet.

56 CIC, núm. 898, citando LG, núm. 31.

57 LG, núm. 12.

58 *El Ministerio Laico de la Iglesia: El Estado de las Interrogantes*, 15.

59 DeLambo (2005), 73.

60 Véase CIC, canon 233.

61 Juan Pablo II, *La Iglesia en América (Ecclesia in America)* (EA), núm. 39. Sitio de la Santa Sede en la internet.

62 El número de ministros eclesiales laicos en muchos grupos étnicos continúa siendo desproporcionado frente al total de la población católica, aunque el porcentaje de ministros parroquiales laicos hispanos ha aumentado de un 4,4% en 1997 a un 8,1% en 2005; el de los asiáticos y de las Islas del Pacífico ha aumentado de 0,6% a un 1,7%, el de los negros ha aumentado de un 1,2% a un 1,4% (DeLambo [2005], 47).

63 Un 30% de los ministros parroquiales dicen que fueron conducidos al ministerio como respuesta al llamado de Dios; el 27,3% indica que fue motivado principalmente por invitaciones personales del párroco o de otro líder de la parroquia (DeLambo [2005], 72).

64 Los estándares fueron establecidos por la Asociación Nacional para el Ministerio Laico, la Conferencia Nacional para el Liderazgo Catequético y la Federación Nacional para la Pastoral Juvenil Católica; fueron aprobados por la Comisión de Certificación y Acreditación de la USCCB en 2003, y fueron publicados conjuntamente por las tres organizaciones.

65 Véase USCCB, *Promesa de proteger, compromiso de sanar* (Washington, DC: USCCB, 2003).

66 Para algunos empleos, la capacidad del empleador de conducir un examen psicológico puede verse impedida o circunscripta por la Ley de los Estadounidenses con Discapacidades (Americans with Disabilities Act) y otras leyes. Debe obtenerse asesoramiento legal.

67 Véase CDC, cánones 235 §1, 236, 597 §2.

68 Citado en Congregación para la Evangelización de los Pueblos, *Guía para los Catequistas*, núm. 19. Sitio de la Santa Sede en la internet.

69 Véase *Pastores Dabo Vobis*, *Plan para la Formación Sacerdotal*, y *Directorio para el Ministerio y la Vida de los Diáconos Permanentes*. Al preparar este capítulo hemos también utilizado ampliamente el documento *Estándares Nacionales de Certificación para Ministros Eclesiales Laicos*.

70 En 2005, el 48,1% de los ministros eclesiales laicos contaba con un grado de maestría o superior, el 51,4% de éstos fue obtenido en un área pastoral o teológica. Más de la mitad de los ministros eclesiales laicos empleados por parroquias han completado un programa de formación para el ministerio, 64,3% de los cuales fueron patrocinados por la diócesis (DeLambo [2005], 77-78).

71 AA, núm. 29

72 CL, núm. 63

73 CIC, núm. 2672

74 Concilio Vaticano II, *Constitución de la Sagrada Liturgia (Sacrosanctum Concilium)* (SC), núm. 102.

75 Juan Pablo II, *Redemptor Hominis*, núm. 20. Sitio de la Santa Sede en la internet.

76 GS, núm. 1.

77 Véase GS, núm. 22

78 Juan Pablo II, *Sobre la reconciliación y la penitencia en la misión de la Iglesia hoy (Reconciliatio et Paenitentia)*, núm. 18. Sitio de la Santa Sede en la internet.

79 AA, núm. 4.

80 Cardenal Joseph Ratzinger (ahora Benedicto XVI), *Dios y el Mundo: Una Conversación con Peter Seewald.* (Versión del traductor.)

81 Juan Pablo II, *Sobre el misterio y el culto de la Eucaristía (Dominicae Cenae)* (1980), núm. 4. Sitio de la Santa Sede en la internet.

82 Algunas de estas disciplinas se consideran con más detalle en la sección sobre la "Formación Pastoral" de este documento.

83 USCCB, *Catecismo Católico para Adultos de Estados Unidos* (Washington DC: USCCB, en prensa). El *Catecismo Católico para Adultos de Estados Unidos* recibió la *recognitio* en noviembre de 2005.

84 Véase *Llamados y Dotados para el Tercer Milenio*, 21.

85 Véase USCCB, *Evangelización católica en una sociedad ecuménica interreligiosa* (Washington, DC: USCCB, 2004); Juan Pablo II, "Vincular la evangelización y el ecumenismo" (junio 22, 1996), *Origins* 26, núm. 9 (agosto 1, 1996): 139-141.

86 Consejo Pontificio para Promover la Unidad Cristiana, *Directorio para la aplicación de principios y normas sobre el ecumenismo* (Washington, DC: USCCB-Libreria Editrice Vaticana, 1993).

87 Consejo Pontificio para la Unidad Cristiana, *Formación ecuménica de trabajadores pastorales* (Washington, DC: USCCB, 1998).

88 *Formación Ecuménica de Trabajadores Pastorales*, 8. (Versión del traductor). Véase también UUS, núm. 38.

89 Véase Concilio Vaticano II, *Decreto sobre el Ecumenismo (Unitatis Redintegratio)* (UR), núm. 11.

90 *Programa para la formación sacerdotal*, 5° ed. (Versión del traductor). En el momento de la redacción de este documento, la quinta edición del *Programa para la formación sacerdotal* había sido aprobada por la United States Conference of Catholic Bishops y estaba en vías de obtener la *recognitio* de la Santa Sede.

91 Véase USCCB, Comisión de Certificación y Acreditación (CCA), *Manual de acreditación para los programas de formación para el ministerio* (St. Francis, WI:

USCCB-CCA, 2003), 2-2.

92 Véase *Santa Comunión y la Adoración de la Eucaristía fuera de la Misa* (New York: Catholic Book Publishing, 1976), *Celebraciones Dominicales en Ausencia de Presbítero: Edición bilingüe* (Washington, DC:USCCB, en prensa).

93 Véase CDC, cánones 766-767: véase también USCCB Complementary Legislation, http://www.usccb.org/norms/7666.htm.

94 *Llamados y Dotados para el Tercer Milenio, 24*.

95 USCCB, *Acogiendo al forastero entre nosotros: Unidad en la diversidad* (Washington, DC: USCCB, 2001), 41.

96 PDV, núm. 71.

97 USCCB, *Doctrinal Responsibilities* (Washington, DC: USCCB, 1989), 5, citando LG, núm. 25. (Versión del traductor).

98 USCCB, *The Application of Ex Corde Ecclesiae for the United States*, Part II, Art. 4, núm. 4e (Washington, DC:USCCB, 2000); véase también *Guidelines Concerning the Academic Mandatum in Catholic Universities* (Washington, DC:USCCB, 2001). (Versión del traductor).

99 Véase CL, núm. 63; PDV, núm. 69.

100 Véase Concilio Vaticano II, *Decreto sobre el oficio pastoral de los obispos en la Iglesia* (*Christus Dominus*), núm. 8. Sitio de la Santa Sede en la internet.

101 Véase Philip Murnion, *New Parish Ministers: Laity and Religious on Parish Staffs* (New York: National Pastoral Life Center, 1992), 55-65.

102 Véase nota 64.

103 Los programas de otras instituciones (seminarios, escuelas teológicas, universidades) están acreditados por otras entidades, por ejemplo, la Association of Theological Schools, o por asociaciones de acreditación regionales.

104 Véase USCCB Complementary Legislation, http://www.usccb.org/norms/1112.htm.

105 Véase USCCB, *Directorio Nacional para la Catequesis* (Washington, DC: USCCB, 2005), Sección 55, "Preparación y formación continua de los catequistas".

106 *Just Treatment for Those Who Work for the Church* (Cincinnati, OH: National Association of Church Personnel Administrators [NACPA], 1986), 1. (Versión del traductor.)

107 *The Individual and the Institution: Strengthening Working Relationships in the Church* (Cincinnati, OH: NACPA, 1994), 10. (Versión del traductor.)

108 Véase CDC, cánones 231 §2, 1286 2°. Dos tercios de los ministros parroquiales estuvieron positivamente de acuerdo (22,5%), o algo de acuerdo (44,7%), con que sus ingresos anuales eran adecuados para sus necesidades personales, familiares o religiosas de la congregación; el 31,8% indicó que no los consideraba adecuados;

y el 37,8% indicó que no creía que sus parroquias tuvieran los recursos para compensarlos adecuadamente. (DeLambo [2005], 127-128).

109 De los laicos que practican el ministerio parroquial a tiempo completo, el 79,4% (un 9,5% más que en 1997) indicó que cree que permanecerá en el ministerio de la Iglesia toda la vida; y el 62% (un 11% más que en 1997) de los laicos que se desempeñan a tiempo parcial informó creer lo mismo (DeLambo [2005], 71).

110 Véase USCCB, *Procedures for Resolving Conflict* (Washington, DC: USCCB, 2002).

111 NMI, núm. 29.

112 NMI, núm. 58.

113 GS, núm. 1.